一个人，遇见一本书

TopBook
饕书客

TopBook 饕书客

红蜡烛和美人鱼

〔日〕小川未明

新浪漫主义的先声、『日本童话之父』小川未明经典作品
人与自然的对话，包容万物的悲悯
复杂人性的探索，纯净童心的表现

面对美丽的，就直率地认为美丽
遇到悲伤的，就真切地感到悲伤
看到正义的，就燃起内心的热情

王新禧 译

陕西新华出版传媒集团
陕西人民出版社

图书在版编目(CIP)数据

红蜡烛和美人鱼 / (日) 小川未明著；王新禧译
. —西安：陕西人民出版社, 2021.5

ISBN 978-7-224-13960-0

Ⅰ. ①红… Ⅱ. ①小… ②王… Ⅲ. ①童话—作品集
—日本—现代 Ⅳ. ①I313.88

中国版本图书馆CIP数据核字（2021）第028112号

出 品 人：宋亚萍
总 策 划：刘景巍
出版统筹：关　宁　韩　琳
策划编辑：王　凌　王　倩
责任编辑：晏　藜　张启阳
封面设计：哲　峰

TopBook
饕书客

红蜡烛和美人鱼

作　　者　[日] 小川未明
译　　者　王新禧
出版发行　陕西新华出版传媒集团　陕西人民出版社
　　　　　(西安市北大街147号　邮编：710003)
印　　刷　西安市建明工贸有限责任公司
开　　本　787毫米×1092毫米　1/32　5.625印张
字　　数　116千字
版　　次　2021年5月第1版　2021年5月第1次印刷
书　　号　ISBN 978-7-224-13960-0
定　　价　24.90元

译　序

小川未明，原名小川健作，1882年4月7日生于新潟县高田市，是日本著名的童话作家、小说家、儿童文学元老之一。他在中学时代即酷爱文学，大量订阅文艺杂志，并尝试着向《中学世界》投稿。1901年，因文科成绩优异，被早稻田大学的前身东京专业学校录取。次年，转入早稻田大学英文系就读。大学期间，他得到当时著名作家坪内逍遥、岛村抱月、小泉八云的指导，受益匪浅。其笔名“未明”，就是恩师坪内逍遥给他起的。

小川未明最初想成为小说家，1904年，他在《新小说》杂志上发表处女作《流浪儿》。大学毕业前夕，还创作了《雪珠》，刊登在《新小说》上。1905年，他大学毕业后不久，又发表了《散翼》，从而初步确立了作家的地位。

1906年，小川未明遇上了两件喜事，一是与恋人完婚；二是加入了早稻田文学社，担当“以新童话运动为目标”的《少年文库》的编辑工作。虽然《少年文库》只出版了一期，却改变了小川未明的创作轨迹。他因此被引导到一个崭新的领域——儿童文学。这一无拘无束、充满天马行空幻想的文学体裁，可以容纳他心中所有的想象和美妙画面。

在为《少年文库》创作了四篇童话后，小川未明就一发不可收拾。虽然在1907年到1909年，他先后出版了短篇小说集《愁人》《绿发》《行星》，但他已决心从成年人小说转向童话创作。1910年，他的第一本童话集《赤船》问世。这本以纯艺术面目出现的童书，因内容极富趣味性和人情味，并重视浪漫主义氛围的营造，被认为改造了在这之前属于“民间故事”性质的日本童话，标志着日本儿童文学自觉意识的确立，故而引发巨大反响，许多文艺评论家均给予极高评价，把它称作“在新文学精神指导下的新儿童文学”“新时代童话的起点”。小川未明也借此成为日本近现代童话创作的先驱者。同年，他主持、创刊了《北方文学》杂志。

1912年，日本进入大正时代。资本主义大发展带来的各种矛盾日益激化，使得纯真热血的小川未明陷入了苦恼与迷惘中，于是他便在童话创作中寻找摆脱苦恼与迷惘的道路，发表了一系列对受压迫的贫苦大众抱以深切关心的童话，如《某夜星星们的谈话》《蓝色的钮扣》《负伤的铁轨与月亮》等，发出了同情弱者的疾呼。

1918年，童话作家铃木三重吉提出了为孩子们创作纯洁美妙的艺术童话和童谣的口号，并创办了童话杂志《赤鸟》。小川未明积极参与其中，并成为该杂志的主要撰稿人之一。以《赤鸟》为舞台，日本儿童文学迎来了兴隆的黄金时代。1921年，39岁的小川未明发表了被称为“未明童话最高杰作”的《红蜡烛和美人鱼》，优美的抒情笔法、浓郁的神秘色彩、强烈的节奏感和纵横驰骋的梦幻感，打动了无数读者。此名篇使他一跃成为当时日本最卓越的童话作家。

从1921年到1925年，是小川未明创作的巅峰期。他的许多洋溢着幻想色彩的作品，如《牛女》《黑色人影和红色雪橇》

《巧克力糖天使》等，都在这几年发表。1923年创作的反战童话《野蔷薇》，更是脍炙人口的不朽杰作。他日本儿童文学奠基人的地位至此得到完全确立。

1926年5月30日，以六卷本《小川未明选集》的出版为契机，他在报刊上发表了《今后的目标是童话作家》的宣言，明确表示今后与小说告别，只专心于童话创作。但是，小川未明的童话代表作均写于1926年以前，从那以后，人过中年的未明，想象力渐渐枯竭，已无力写出过去那样充满幻想力的佳作。

1928年，小川未明加入新兴童话作家同盟。不久后创办了杂志《童话的社会》，该杂志在日本儿童文学史上占有重要地位。

二战后，小川未明于1946年出任日本儿童文学者协会首任会长，竭力倡导民主主义童话。1951年，获日本艺术院奖。1953年被吸收为艺术院会员并获文化功劳奖，这是日本儿童文学作家所能获得的最高荣誉。在晚年时，他虽已没有了年轻时的激情喷涌，但依然笔耕不辍，完善着自己的童心主义理论。1961年，小川未明死于脑出血，享年79岁。

小川未明一生高寿而多产，其创作生涯横跨明治末期、大正、昭和时期，长达六十年之久，总共创作了千余篇童话，此外还有四五百篇小说以及诗歌、戏曲和数量可观的文学评论、随笔。1976年至1978年，日本讲谈社出版了《定本小川未明童话全集》，洋洋洒洒十六卷，包含了他所有的童话作品，蔚为壮观。这些作品所展现的人与大自然的沟通、包容万物的悲悯精神、幽远的空无美等艺术含量和人性探索，在儿童文学史上具有极高的研究价值。

作为划时代意义上的“日本童话之父”，小川未明对日本童话具有开创性的卓越贡献。他提出并完善了“童心主义理论”，使之成为儿童文学史上一个重要的创作观。他认为童话应从童心出发，尊重儿童的世界观：“没有什么东西能像儿时的心灵那样伸展开自由的羽翼，能像儿时的心灵那样不被污染。没有什么时代能像少儿时期那样，面对美丽的东西就直率地认为美丽，遇到悲伤的事情便感到悲伤，对正义的事情便激起感慨。”从这一立场出发，他阐明了自己的童话观：“通过创作诉诸这种纯真感情的闪光和自然的良心的裁断，并表现少儿时代特有的梦幻世界的故事，使读者沉醉于美与忧愁的氛围之中，这即是我所追求的童话。依据纯情的儿童的良心来裁判什么是善、什么是恶，这即是此艺术所具有的伦理观。”

小川未明所有的童话创作，都围绕着以上的“童心主义”展开，以童心为主要对象进行描绘，“如实地展现儿童自己的情感”。所以在写到儿童时，他较少描写儿童活泼顽皮的天性，而总是把笔墨集中于儿童善良、纯真的本性。将“幼儿体验”或“童心体验”栩栩如生地刻画出来。因此，其童话中的儿童无论处于怎样的环境，言行都一致趋向于善。在小川未明的笔下，童心的美好成为衡量人性的尺度，成就了一种善的艺术美。

童心主义的推动，令小川未明在创作时，首重美感的表现。他一再强调，童话作家的任务和职责，应该是“不单纯以让儿童们读得有趣为满足，也不只是一篇寓言就够了，而要把广阔世界的所有美都挖掘出来”。在他心目中，童话才是理想的世界，唯有童话才能表达爱与美的理念。童话对他而言，就是一种特异的诗的形态。我们会发现，很沉重的话题，在他优美的笔触下，也会变得充满阳光和温暖。其文风既无西方童话的繁复辞藻，内容上亦无王子和公主的缠绵爱情，鲜明的民族特色与西方童话的叙事风格形成迥异的对照。那种散文诗般优雅的文字，那种简练朴素、清丽如画的语言，那种悠远而又略带凄凉的意境，带着浓浓的深情和淡淡的伤感，极富感染力，使人沉醉。那些基于爱与美而写的童话，代替孩子诉说他们内心的想法，以儿童之心为己心，了解、描述他们的喜怒哀乐，将他们的内心世界展现在世人面前。

在注重内容美感的同时，小川未明也十分重视儿童文学作品的教育作用，他倡导“童话创作较之娱乐更应重于教化”“要把儿童的心灵，吸引到善美、高尚、纯粹的事物上来，以便养成明朗的人性”。但他并不在童话中浓墨重彩地说教，而是在细节的字里行间，将爱与信任、寄寓与情感传导给读者，同时歌颂了优秀的品质，如母爱、真诚、友情等，使儿童从中得到了教育，而成年人也在故事中体悟出生活的希望和缺憾。

小川未明的童话，大多数都没有经过长时间的酝酿，而是在短时间内一气呵成，故而语言短促、凝练，宛若天成，毫无雕琢之迹。其思路开阔，活泼而有生气，情趣自然平稳，无困顿牵强之处，完全是独出匠心的制作，显露着独特的光彩。作品中仿佛有一股生命力在隐伏，涂饰着人生的色彩、热情、仁爱、正直，在怀旧的乡愁气息和恬淡的生活诗意中，充溢温柔敦厚的情感。

当然，对至善至美过于理想化的追求，也使得小川未明所描写的儿童，只是他心目中完美的儿童，这就使其作品具有了浓厚的主观色彩，从而缺失了源于实际生活的儿童情趣。

小川未明的童话虽然被文学同仁誉为“新浪漫主义的先声”，但他的作品中也不全是明朗、幸福、温馨，也有阴郁、伤悲、困惑的一面。许多篇作品的主人公，都是孤苦伶仃、无依无靠，虽善良纯真，却处处受到世人冷漠的欺压和抛弃。而最后，他们都走向了黑暗：复仇、死亡、幻灭……无辜者的悲痛、命运的无奈、人世的烦恼与生活的不安、对丑恶人性的愤怒抨击，这些感情一起形成了一种忧郁的美。就像早春或者晚秋的天气，尽管晴朗明媚，却又带着丝丝的寒意。淡淡的文字、淡淡的忧伤，如樱花一瓣瓣轻轻落地。

在童话中如此大量地揭露社会疾苦，批判恶劣的品质，这和小川自身的经历有着必然联系。童年的孤独、长子与长女先后夭折的死亡体验、雪国故乡恶劣的自然风土、艰难动荡的大时代背景等，都成为未明童话中悲哀情绪的主要原因。而他并不回避这些从生活里沁出来的感伤与忧郁，他相信孩子们可以理解。事实上，他是对的。

1992年，在小川未明的故乡新潟县，设立了以“把日本近代童话之父小川未明的文学精神——对人类的爱与正义传给下一代”为目的的“小川未明文学奖”。2005年，建立了“小川未明文学馆”。作为日本近现代儿童文学史上一个影响巨大的、深远的存在，小川未明的名字和他的作品一道，将永远流传。

本书以讲谈社《定本小川未明童话全集》为底本译出。

王新禧

初版于2012年3月

修订于2020年12月

目录

野蔷薇

有一个大国，紧邻着一个比它小的王国。当前，两国间没有任何摩擦，彼此和平相处。

在远离首都的国境线上，两国都仅派遣一名士兵守卫确定国界的石碑。大国派的士兵是位老人，小国则派了一位年轻人。

一老一少分立于石碑左右站岗。这个地方位于寂静幽僻的深山，偶尔才能见到来附近旅行的游客的身影。

起初他们互不相识，难免存在敌我不明的警戒之心，所以几乎都不交谈。但不知何时起，两人竟成了好朋友。可能是因为这儿冷冷清清，除对方外，再无他人可以说话，十分无聊；又或许是因为春日漫长，阳光明媚，总是暖暖地照在头上的缘故。

在国境线上，野生着一株蔷薇，无人照料，却生长得十分繁茂。蜜蜂大清早就飞来，聚到花上采蜜。那欢快悦耳的嗡嗡声，直传入尚在梦乡中的两个士兵耳中。

“喂，快起床吧，都飞来这么多蜜蜂了。”两人像商量好似的一道起床，出屋一看，果然太阳已经在树梢上闪耀着光芒。

两人同时来到岩石旁，用石缝中流出的山泉水洗漱，于是就碰面了。

“呀，早上好，今天天气真好。”

“嗯，天气确实不错。天一晴朗，心情也随之畅快不少。”

他们俩就这样站着聊天，不时还会抬起头，张望下四周的景色。这景色虽然每天都能见到，但每望一次，总能获得一种新鲜感。

年轻的士兵最初对象棋[①]一窍不通，自从老人教导后，现在只要中午天气晴朗，两人便会相对而坐，杀上几盘。

刚开始时，老人棋艺高过年轻人许多，即使让棋还常常吃光对方的棋子；但后来，已是不相上下，老人也会输棋了。

年轻人与老人都是善良的人，既正直又热情，虽然在棋盘上你争我夺、互不相让，但在各自心中，却是友爱和睦、坦诚相对。

“哎呀，这盘我快输了，老是这样逃逃躲躲，滋味很不好哩。如果是真的战争，还不知会有什么下场呢！”老人边下棋，边张开嘴大笑。

---

①此处原文为“将棋”。将棋是日本模仿中国象棋而创制的本土化棋盘游戏，又称“日本象棋”，有自身独特的棋子走法与升变规则。

年轻人眼看自己又要赢了，也高兴得眉飞色舞开，两眼放光，向着对方的王将[①]全力进逼。

小鸟在枝头欢快地歌唱，白色的野蔷薇散发出阵阵迷人的芳香。

冬季降临到国境线上。天气转冷了，老人开始想念南方的家乡。

因为那里住着他的儿子和孙子。

“真想请个假，早点回去！”老人说。

“可您要是回家乡去，肯定会再来一个陌生人接替您。如果那人和您一样亲切友善也就算了，万一是个敌我分明的人，那就糟了。请您无论如何再多留一段时间吧，春天不久就来了。”年轻人劝道。

很快地，冬尽春来。然而就在此时，两国为了争夺某一利益，却全面开战了。如此一来，两个原本朝夕和睦相处的朋友，顷刻间就变成了敌人。这事真令人觉得不可思议！

“喂，现在开始，我们就是敌对关系了。我虽然上了年纪，但好歹是个少佐，你要是提着我的脑袋回去，一定会得到嘉奖，飞黄腾达。你杀了我吧！”老人说。

年轻人听了一脸惊愕。

“您怎么说这种话？我和您为什么要变成敌人呢？我的敌人是其他人。如今战争在遥远的北方进行，我要去那里作战。”年轻人说完，就立即上路了。

---

①王将：日本将棋中等级最大的棋子，相当于中国象棋里的“帅”或国际象棋里的“王”。

4

国境线上从此只剩下了老人，孤孤单单。自年轻人走的那天起，老人的日子就变得茫然而无生气。野蔷薇开花了，每当太阳升起，蜜蜂就成群飞来，聚在花上，直至日暮。战争的交战地离这儿十分遥远，老人即便支起耳朵倾听、瞪大眼睛眺望，也绝听不到一丝枪炮声、望不见一缕黑色的硝烟。从那日开始，老人便时刻惦念着年轻人的安危。就这样时光飞逝，日复一日。

某天，一位游客经过此地，老人向他打听战争的情况。游客告诉老人，小国吃了败仗，该国参战的士兵全部阵亡了。战争此时已经结束了。

老人心想，如此看来，年轻人一定也战死了吧？他想着想着，垂头坐在界碑的基座上，不知不觉中，迷迷糊糊地睡着了。恍惚间，他感到由远而近奔来许多人，定睛一瞧，原来是一支军队，骑在马上指挥士兵的，正是那个年轻人。军队肃静沉默，没有一点声响。他们列队从老人面前走过，当年轻人经过时，默默地向老人敬礼致意，然后闻了闻野蔷薇的花香。

老人正要开口说话，猛然间就醒了，原来是场梦。此后又过了一个月左右，野蔷薇便枯萎了。这年秋天，老人请假回了南方。

水车讲的故事

小鸟一直将去年饮过水的那条小河记在心里。小河旁有一间小屋，小屋旁有一架水车。小鸟在小屋上歇脚时，还和水车聊过天。

那天天气晴朗，水车如平时那样，欢快地转动着，声音就像是在唱歌。正在旅行的小鸟听到歌声，好奇地循声飞来，看见了这条水清如镜的小河，还有水车。于是小鸟落下来，在河边喝了几口水，然后停在小屋屋顶上。

“水车，你真能干。”小鸟赞赏道。

“嗯，我每天活得可充实了。”水车露出雪白的牙齿，笑着回答。

“你的声音好听极了。”小鸟再次赞美道。

“呵呵，一边唱歌，一边工作，心情舒畅，不会感到劳累。”水车答道。

“你的歌声，使我想起了在南国曾经听过的城市少女的美妙咏唱。那时月光如水，美丽的少女们聚到海岸边的街道上，边散步边唱歌。那旋律简直和你刚才唱的毫无区别……所以我才会觉得奇怪，为什么在寒冷的北国，竟也能听到同一首歌呢？”

“真的？真羡慕你可以在蓝天上自由飞翔，从南到北几千里都不在话下。而我呢，一辈子都只能在这儿，起早贪黑不停歇地苦干。我说小鸟，你见过世界上还有谁过着像我这样乏味的生活吗？”水车叹气说。

“这虽然是实情，但仅仅从表面上看，是无法判断谁幸福、谁不幸的。比如我们鸟类，在天空飞行时，面临着各种危险。可能会被暴风雨打落坠海，可能会被调皮的孩子捉住，也有可能被猎枪打死……如此看来，我们鸟类的遭遇也很惨呢！”

水车激烈地反驳小鸟说：“不，不！你仔细瞧我的身体，都快散架了。从春到秋，一年四季不停地干呀干，永无休止，真是难以忍受。长此以往，我也命不久长了……”

小鸟听水车这么说，既同情又伤感。它认真想了想，鼓励说：“水车，这种丧气话，咱们都别说了吧。我祝你永远身体健康。明年这时候，我一定再来看你。让我们期待那天的到来吧！你欢快的歌声，我还想再听一次呢……”

水车和小鸟就这样互相告别了。然后继续沿着各自的轨迹生活着。

和人类相比，水车与小鸟对一年的感觉，要漫长得多。终于，一年过去了，小鸟再次启程，开始了由南至北的旅行。

身在旅途中的小鸟，并未忘记去年的约定。它一边飞，一边回忆以往经过的路径，寻找着水车和小屋。

在哪里呢？底下是一座灰蒙蒙的小镇：青绿的原野、茂密的森林，街道两旁栽着排列整齐的松树。再飞过去，记忆变得越来越清晰了，这里是铁道口，那里是曾经见过的田地。小鸟侧耳细听，希望能够听见水车欢快的歌唱声。

过了一会儿，小鸟如愿以偿地听到了去年那熟悉的歌声。它高兴地落下来，停在小屋屋顶上。

“水车，你看上去很健康呀！车上来的水还是那么多。”小鸟热情地对水车说。

水车正努力地工作着，突闻打招呼声，抬头一看，原来是去年的那只小鸟。它正盼望着小鸟再度前来呢！一路飞行，小鸟旅途中一定经历过不少事，可以好好同自己讲讲。

“实在太好了，看到你也这么健康，比什么都强。”水车热泪盈眶，哽咽着回复小鸟。

“水车啊，咱们之间的约定，我是不会忘记的。无论路途多么遥远，我都会飞回这里的。嗯，分别这么久，你是不是积累了不少有趣的故事要说给我听。”小鸟笑着说。

和小鸟告别后自己所经历的冬天的景象，逐一浮现在水车眼前。从哪儿开始说呢？

“你走后，从去年年底到今年年初，整个冬季都下着鹅毛大雪。我差点就被厚厚的雪给压垮了。”水车心有余悸地说。

小鸟听水车这么说，惊讶不已。狂风暴雪的景象，对小鸟而言，是从未见过的。因为它一直以来，都是在微风轻拂树林、鲜花散发芬芳的温暖南国度过冬季。

“水车，你还看到哪些事？都告诉我吧。”小鸟请求道。

“嗯，我就给你讲讲一只野鼠的故事。那天晚上，天寒地冻，我仍在辛勤地工作。一只可怜的野鼠，由于在田里找不到任何食物，只好来到河边这间小屋。”

“‘善良的水车啊，今晚实在是太冷了，等会儿说不准还会刮大风。到处都漆黑一片，树叶落得满地都是。你车了这么多水，如果有食物掉在你附近的话，请允许我捡一点充饥吧。’小野鼠哀求说。

“‘哦，没问题。现在小屋里没有人，你尽管去找食物吧。’我回答说。

“于是，小野鼠一边在屋里屋外找着食物，一边将田野里发生的种种事，讲给我听。

“它说：‘昨晚小狸有来过吗？看来直到明年，农民们都不会来这儿了。’我当时孤身无聊，就和它聊了一整晚。那个寒冷的冬夜过去后，清晨一看，大雪纷飞，田野上白茫茫一片。原来雪无声地下了一夜。

“可怜的小野鼠见到这场面，不由担心起来：‘水车呀，怎么办？我回不了家了。’它哭着问我。

“我也挺发愁的，没办法工作了啊。不过更重要的，是让小野鼠别再担心了。我劝它说：‘别急，等太阳出来了，这点积雪会迅速融化的，到时你就能回家了。’

“然而，大雪一直下着，无论我们如何向上天祷告，天气就是不见晴朗。在不停飘落的大雪中，天色渐渐黑了。

“我们原以为接下来的一天会天晴，但是，雪仍然在下着。

“小野鼠又心急地哭了：‘水车啊，我实在是没办法了。你看到处都是白茫茫的雪，家的方向已经找不到了。’

“我实在想不出什么话来安慰它。这样的天气下，我也束手无策。

“小鸟，你能猜到后来的事吗？我们自己都记不清有多少天见不到太阳了。积雪越来越厚，慢慢地将我掩埋到了雪下。小河里的水，也全都冻成了冰，这样我也无法工作了。为此我每天都忧心忡忡，害怕今天会被雪压垮，或者明天会散架，就这样提心吊胆地过着日子。如今一想起当时的情景，还免不了一阵阵害怕。”

小鸟默默地听完令人畏惧的冬天的故事，心中对水车和小野鼠的坚强深感敬佩。

“水车，小野鼠后来怎么样了？”小鸟问。

水车四周是静谧的原野，在明媚阳光的照耀下，它欢乐地唱着歌，似乎已经忘记了冬天时的阴霾。听小鸟这么一问，又勾起了它的回忆：“小鸟啊，冬季是那么漫长，小野鼠回不了家，只好和我一起等待着春天到来冰雪解冻。终于，春暖花开，积雪消融，田野和大地重新展露出来。小草也发芽了，嫩绿嫩绿的。可爱的小野鼠和我依依惜别，说：‘明年冬天我会再来探望你，请努力工作，直到那时。’告别完，它就奔入田野，回家去了。”

小鸟听完水车讲的故事，深受感动，由衷地说：“水车，你真幸福。”

水车惊讶地盯着小鸟，说：“我真幸福？不，不，你才幸福呢！”

“不，幸福的是你，有这么好的朋友做伴！”小鸟说。

它们彼此羡慕着对方的经历，分享着一年来的体验。最后，又约定好再次相见的日子，接着便道别分开了。

红蜡烛和美人鱼

一

美人鱼并非全部住在南方的大海中，也有部分生活在北方的海里。

北方的大海，一片湛蓝。夜里，美人鱼有时会爬上礁石，眺望着周围的景致，在月光下小憩。

清亮的月光穿过云缝，冷寂地照在海面上。环顾四周，都是无边无际、令人生畏的海浪在起伏翻腾。

美人鱼心想：这景象多么凄凉啊！我们的相貌，与人类并无太大不同。比起海中的各种鱼类以及海底的粗野海兽，我们的性情也更接近人类。可我们却不得不和那些鱼类、海兽一起，生活在寒冷、阴暗、沉闷的大海里。为什么会这样呢？

一想到在漫长的岁月里，自己连一个可以交谈的朋友也没有，美人鱼就觉得再也无法忍受了。她向往充满光明的陆地生活，所以每到月色皎洁的夜晚，她就会浮出海面，爬到礁石上憩息，并沉醉在种种幻想中。

“听说人类居住的城镇十分美丽；听说人类比鱼类、兽类更善良、更重感情。我们虽然生活在鱼类和海兽中，但我们最近似人类，如果我们去人间生活，应该没问题吧？”美人鱼在心里寻思着。

这是条雌美人鱼，正有孕在身……

“我们长年累月地生活在寂寞无比、连可以交谈的朋友都没有的北方湛蓝色的大海里，对移居光明、繁华的地方已无法再指望，但至少不应让快要出世的孩子再忍受这种悲哀、孤寂的生活……

“虽然与骨肉分离，独自在冷清的海里继续生活，实在是痛苦的事，但不管孩子在什么地方，只要能得到幸福，就是我最大的欢喜与安慰了。

“听说，人类是世间万物中最善良的生物，绝不会欺负那些可怜的、无依无靠的生物，而且最同情受苦受难的弱者。还听说，幼儿一旦被人类收养，就决不会再遭抛弃。幸运的是，我们不仅容貌与人类相似，上半身也同人类一模一样。既然能在鱼类和海兽中生存，那么在人间也一定能活下去。只要有人抚养，就一定不会遭到狠心的遗弃……”

美人鱼考虑着。

为了自己的孩子可以在充满光明的、美丽的城镇长大，美人鱼决定到陆地上分娩。尽管如此一来，自己可能永远见不到孩子了，但孩子和人类在一起，就可以拥有幸福的生活了！

从浪涛中，可以望见在远方的海岸上，有一座小山。山上神社的灯光忽明忽暗。一天晚上，美人鱼为了上岸分娩，顶着冰冷、黑暗的汹涌波涛，向陆地游去。

二

海岸上有座小镇，镇里商店众多。在建有神社的小山山脚下，有一家卖蜡烛的廉价小店。

店里有一对年迈的夫妻。老爷爷负责制作蜡烛，老奶奶专管卖蜡烛。镇上的人以及周边的渔民去神社参拜时，总是顺便先进这家店买好蜡烛，然后再上山。

山上长满松树，神社就位于松树林中，海风吹得松涛日夜呼呼作响。每晚从远方海面上，都能望见神社里忽明忽暗闪动的烛光。

一天夜里，老奶奶对老爷爷说："我们能有温饱的生活，全靠神明庇佑啊！若不是山上建有神社，店里的蜡烛就没有销路了。我们要感恩啊，所以我打算上山拜神！"

"确实如此。我心里何尝不是天天感激神明呢！只因一直忙着手头的活计，才顾不上去拜神，多亏你提醒了我。去吧，也代我好好拜一拜，感谢神明。"老爷爷回答说。

老奶奶慢腾腾地出门而去。当晚明月高悬，亮如白昼。参拜完神社后，老奶奶下山回家，却在石阶上发现一个婴儿在啼哭。

"太可怜了，一个弃婴。是谁把这婴儿遗弃在这里呢？更奇怪的是，怎么偏偏在我拜神回来的路上遇到了呢？大概是有缘吧！如果不理不睬，恐怕神明要降罪的。一定是神明见我们夫妻没有一子半女，所以赐给我们这个孩子。那好，就抱回去同老头子商量一下，收养了这婴儿吧！”老奶奶抱起婴儿，嘴里叨叨着：“噢，噢，可怜呀，真可怜……”就这样回家了。

老爷爷正在家中等待老奶奶归来。当他见到老奶奶抱回一个婴儿时，急忙询问。老奶奶便把经过原原本本地向老爷爷说了一遍。

老爷爷听完说：“没错，这的确是神明恩赐给我们的孩子，如果不用心抚养，必定会受到惩罚的。”

于是，夫妻俩决定养大这孩子。这是个女婴，但下半身不是人的形态，而是鱼身。老爷爷和老奶奶都认为，她一定就是传说中的美人鱼。

“这不像是人类的孩子……”老爷爷瞧着女婴，歪着脑袋说。

“我也这么想的。不过，即使不是人类的孩子，但你看她的小脸蛋，多温顺、多漂亮啊！”老奶奶说。

“行，不论怎样都不要紧，她是神赐予我们的孩子，必须好好抚养。等她长大了，一定会是个聪明的乖孩子。”老爷爷说。

从此以后，老两口就开始精心养育这女孩。时光流逝，女孩渐渐长大，变成了一个有着乌黑的大眼睛、美丽的长头发、粉红色肌肤的温柔聪慧的少女。

三

少女虽已长大，但因身体与常人不同，所以一直羞于在人前露面。不过，只要是瞧过她一眼的人，都会惊叹她的美貌。部分人只为了看一看她，特地来买蜡烛。

老爷爷和老奶奶经常对大家解释说：“我们家姑娘十分腼腆，所以不喜欢见生人。”

老爷爷在里屋专心致志地做蜡烛，美人鱼想了一个好主意，如果在蜡烛上画些精美的图案，销路一定会更好吧。她把这主意告诉给老爷爷，老爷爷答说：“那你就试着画些自己喜欢的图案吧！”

美人鱼用红色的颜料，在白蜡烛上画出鱼、贝、海藻等图案，她虽不曾学过绘画，却凭借着与生俱来的聪慧，画得好看极了。老爷爷见到这些画，十分讶异。这些栩栩如生的画仿佛蕴含着不可思议的魔力，无论谁见到，都非买上几根蜡烛不可。

老爷爷对老奶奶感慨道：“这些画当然好看了，因为不是凡人画的，而是出自美人鱼之手嘛！”

“我要买有画的蜡烛！”由早到晚，店里都挤满了前来买蜡烛的大人和孩子，带画的蜡烛销量出奇地好。

不久，又开始流传一个说法：只要用有画的蜡烛上山拜神，然后将燃剩的蜡烛带在身上出海，不管遇到多可怕的狂风巨浪，都能避免船毁人亡的悲剧发生。这一说法不胫而走，很快就广为人知。

镇上的人都说：“那座神社本来就是祭祀海神的，用漂亮的蜡烛供奉，海神当然高兴啦。”

蜡烛店由于生意兴隆，老爷爷天天起早贪黑地做蜡烛，美人鱼也顾不上胳膊酸痛，坚强地忍耐着，在一旁不停地用红颜料画啊画。

“我绝不会忘记两位老人家将我这个非人类孩子养大的恩德。他们那么疼我、呵护我，我要报答他们。”美人鱼对老两口的善心十分感激，乌黑的大眼睛中时常闪动着泪花。

那个传说不断在人群中流布，连距此很远的乡村都知道了。遥远地方的船员、渔民们也希望能得到供奉神明后燃剩的有画的蜡烛，纷纷从外地赶来，在店中买好蜡烛，上山参拜神明。他们在神社中恭恭敬敬地点燃蜡烛，等蜡烛烧得只剩一小段后，收起带回家。如此一来，无论白天还是黑夜，山上神社中的烛光片刻不熄。尤其是到了晚上，从海上望去，烛光点点，美极了。

“神明护佑，高恩厚德啊！”对神社的好评风传于世，这座小山的名气骤然大增。

神明声望高涨，但谁都没有关注将全副心思都放在蜡烛绘画上的美人鱼，也没有人觉得她可怜。疲惫不堪的美人鱼，常常在明月辉映的夜晚，探首窗外，含泪遥望北面，思念远方湛蓝色的大海。

四

有一天，从南方某国来了个走南闯北的商人。他此行的目的，是要在北方寻些稀罕物，带回南方牟利。

也不知这商人是通过道听途说，还是亲眼看到，竟知道画蜡烛的少女并非人类，而是世间稀有的美人鱼。于是，某日他悄悄来找老爷爷和老奶奶，背着少女说：“我愿出大价钱，你们将美人鱼卖给我吧！”

老两口起先拒绝了，他们认为女孩是神明的恩赐，怎能卖掉？倘若卖了，必遭天谴。可是那商人虽屡碰钉子，但仍然苦苦哀求，而且还装出一本正经的样子，吓唬老两口说：“从古至今，人鱼都是不祥之物，如不趁早甩掉，你们一定会遭厄运的。”

老两口竟然信了商人的信口雌黄，又见商人肯出大价钱，财迷心窍，便答应将美人鱼卖给商人。

商人欢欢喜喜地离去，并约好过几天就来领美人鱼。

美人鱼知道此事后，十分震惊，生性内向、善良的她，对离家前往数百里远、陌生而炎热的南国，心生极大畏惧。她泪流满面地央求老两口：

“让我做任何事都行，请千万别把我卖到陌生的南国去！”

但利欲熏心的老两口，对美人鱼的哀求完全无动于衷。

美人鱼只好独自闷坐房中，继续专心在蜡烛上绘画。老两口见到这情景，既不感动，也不怜悯她。

一天夜里，月辉轻笼，美人鱼独自倾听大海涛声，为将来的命运而自伤自怜。海浪拍岸，恍惚中，她似乎听见远方有一个亲切的声音在呼唤自己。可是探首窗外，却只有一望无际的蔚蓝大海，海面上月色溶溶。

美人鱼再度坐下，继续专心在蜡烛上绘画。这时，屋外传来喧闹声，原来是那商人来领美人鱼了。门口停着一辆车，车上放着一个安有铁栏杆的正方形大笼子。这个笼子曾经关过老虎、狮子和豹子等猛兽。

商人将温顺的美人鱼当成是海中的兽类，竟要像对待老虎、狮子那样对待她。当美人鱼见到那个笼子时，可想而知会有多惊恐了。

美人鱼对此还一无所知，仍在低头绘画。这时，老爷爷、老奶奶走了进来，说："到时候了，该走啦。"

说完，就要带她出去。

由于催得太急，美人鱼来不及画完手中的蜡烛，便索性将蜡烛统统涂成红色。

最后，她留下两三根红蜡烛，作为对这段伤心往事的纪念，接着就被带到了屋外。

五

夜，静谧无声。老爷爷和老奶奶正闭门熟睡。

午夜时，"咚咚咚"，突然传来敲门声。老人家睡觉浅，容易惊醒。老两口听见有人敲门，心想："这么晚了，是谁呢？"

"谁在外边？"老奶奶问。

门外无人回答，"咚咚咚"的敲门声继续着。

老奶奶只好起身，将门开了一条小缝，朝外一瞅，原来是个皮肤白皙的女人站在门外。

女人说自己是来买蜡烛的。老奶奶只要能赚到钱，就绝不会对深夜来访者露出厌烦的神情。

老奶奶取出装蜡烛的小箱，给女人看。这时她看清了女人的样貌，不禁吃了一惊。只见这女人乌黑的长发全湿透了，在月光映照下泛着水光。女人从小箱中取出红色的蜡烛，久久凝视着，最后给了钱，拿着红蜡烛离开了。

老奶奶将钱拿到灯光下一看，这哪里是钱，全都是贝壳啊。老奶奶见自己受了骗，怒气冲冲地追出门外，但那女人早已不见了踪影。

当晚，天色突变，罕见的暴风雨铺天盖地而来。同一时刻，商人正带着被关进铁笼的美人鱼，乘船从海路前往南国。

“这么可怕的暴风雨，那条船一定完了。”老爷爷和老奶奶浑身颤抖着说。

到了清晨，海面上仍然一片昏暗，情景凄惨。昨夜沉没的船只不计其数。

更奇的是，从这天起，只要山上的神社在晚上点着红蜡烛，不管原先的天气多么晴朗，也会顷刻间风狂雨骤。因此，红蜡烛变成了不祥之兆。蜡烛店的老两口都说这是天谴，就此关店搬家。

然而，也不知是谁，一直去神社参拜，还常常点燃红蜡烛。以往只需将在神社燃剩的蜡烛带在身上，就能避免在海上遇难。但现在哪怕人们只瞧一眼红蜡烛，也会落海溺死。

这个流言迅速风传各地，从此再无人敢上山参拜神社。如此一来，先前灵验的神社，变成了人人唯恐避之不及的地方。

大家都怨恨地说，镇上如果没有这座神社就好了。

船员们都害怕从海上眺望有神社的小山。一到晚上，周边的海面就变得阴森可怖，无边无际的大海巨浪滔天，冲击着礁石，卷起雪白的飞沫。尤其是凄冷的月光透过黑云，笼罩在海面上时，那情景真令人毛骨悚然。

在一个昏黑无星的雨夜，有人见到海面上忽闪着红蜡烛的光芒，慢慢升高，向山上的神社飘去。

几年后，山脚下的小镇彻底荒废，消失不见了。

月亮与海豹

寒冬将北方的海域冻成了银色。由于这里极少能见到太阳，所以冬季显得格外漫长。太阳照射不到的地方，自然阴气沉沉，大海毫无生机，像死鱼的眼珠般暗淡无光。大雪纷飞，每日不停。

一只心地善良的海豹，伏在冰山顶上，忧心忡忡地张望着四周。初秋的某天，她可爱调皮的孩子突然不见了。所以她天天都像现在这样，在高处环顾、等待着。

“我的孩子啊，你到底去了什么地方呢……怎么到今天也不见你的踪影？”海豹妈妈伤心地自语道。

寒风凛冽，失去孩子的海豹，不管见到什么，都觉得悲伤。这时，海面已经由蔚蓝色变成了银灰色，雪花飘落在她身上，她的心愈发痛苦难受。

暴风呼啸而过，海豹对着风，开始诉说。

“风啊，您有在什么地方见过我的心肝宝贝吗？”可怜的海豹声音颤抖地问道。

一直旁若无人地不断刮着的暴风，因为海豹的这个问题，稍微停了停，答道："海豹呀，因为惦记着失散的孩子，你才每天都伏在冰山顶上吗？大雪占领了这片海域，我现在正全力以赴与大雪战斗，抽不出时间帮你。不过这一带的海面，我大抵都已扫过一遍，并没有见到小海豹。他也许在冰山下或者其他什么地方哭泣呢……"

"您的心地真好啊！无论怎样天寒地冻，我都会坚持在这里等候。您在海上飞奔时，如果见到我的孩子在哭喊着找妈妈，请尽快告知我。无论他在多么遥远的地方，我都会越过冰山，赶去接他的……"海豹妈妈流着泪哀求道。

暴风虽然着急赶路，但还是扭头说道："可是，海豹妈妈哟，秋天时这一带有渔船来过，说不定你的孩子在那时候被人捕去了。万一是这样，那就不可能找到了。我这回一定帮你认真找找，要是找不到，你也只好节哀顺变了。"说完，暴风飞驰而去。

海豹妈妈听了这话，哭得更伤心了。

暴风走后，海豹妈妈每天都在等待他的音信。可是等呀等，暴风再也没回来过。

"暴风究竟是怎么了？"海豹妈妈担心地想道。

一阵又一阵的风刮过这片海域，但都不是海豹妈妈所期盼的暴风。

"喂，喂，请问你们这是要去哪儿呀？"海豹妈妈询问着从面前经过的风。

“具体去哪儿嘛，也谈不上。我们就是跟着前面的同伴一直跑……”风答道。

“我拜托过先前的风，在等着他的答复，可是……”海豹悲伤地说道。

“如此说来，先前对你承诺的风，到现在都尚未归来吧？我不确定能不能见到他，如果见到了，一定替你转告。”说完，这阵风也刮走了。

银灰色的大海，在静默中沉睡。大雪在与风战斗，天地间雪花飞舞。

就在这无望的等候中，海豹想起以往的某天，月光洒在身上，月亮曾对自己说：“你好像很孤独啊！”当时，自己抬头望着空中的月亮，倾诉道：“是啊，很孤独。”月亮忧伤地凝视着自己，随后默默地藏到了乌云后。

孤独的海豹就这样日日夜夜伏在冰山顶上，苦苦思念着孩子，等待风的回信。偶尔，也会想起月亮。

月亮当然不会忘记海豹。太阳喜欢在每天的旅行中，欣赏繁华的城镇、俯视鲜花盛开的原野。而月亮所看到的，都是冷清的村庄、阴暗的海面，还有世间贫苦人的碌碌奔忙，以及野兽们因饥饿而哀号的惨景。

月亮由于已经对世上的悲伤司空见惯，所以很少动感情。但这次，她眼见失去孩子的海豹妈妈彻夜不眠，在冰山顶上悲啼，不禁同情起这位可怜的母亲。可是四周的海如此阴暗冰冷，没有任何事物能令海豹妈妈变得愉快一些。

“你是不是很孤独？”月亮柔声问道。

海豹妈妈仰起忧伤的面庞，望着天空的明月，诉说起心中的悲痛。

然而月亮凭借自身之力，对此也是无可奈何。

为此，从那一夜开始，月亮便想着要用什么法子好好安慰一下海豹妈妈。

某天晚上，月亮一边在空中俯视着银灰色的海面，一边惦记着海豹的状况。寒风依旧凛冽，雪飞掠过冰山。

果然，海豹妈妈当晚仍然伏在冰山顶上哀泣。

“你是不是很孤独？”月亮再次柔声问道。

海豹妈妈比以往更消瘦了几分。她悲伤地仰望天空，向月亮诉说道：“真的很孤独呀。因为我的孩子还没有回来。”

月亮青白色的面孔凝视着海豹，皎洁的银辉照得海豹通体发白。

“我到过世上所有的地方，让我讲个遥远国家里的有趣故事给你听吧。”月亮向海豹说道。

但海豹妈妈摇了摇头，请求说：“希望您能告知我孩子的下落。我曾拜托过暴风，如果见到我的孩子，请他立刻通知我。但他一直没有回音。您虽然见闻广博，但我现在不想听其他任何事，只想知道，我的心肝宝贝在哪里？”

月亮一怔，无言以对。人世间并不单单是这只海豹和孩子失散，亲生骨肉遭到劫掠、杀害的惨事，每时每刻处处都有，月亮哪里能完全记住呢！

“就在这片北方的海域，不少海豹也和自己的孩子失散了。你可能是因为特别疼爱孩子，所以悲痛更强烈些。我对你的遭遇十分同情，这样吧，几天后，我一定带件好玩的东西来给你，希望你能快乐……”月亮说完，就匆忙躲进乌云中。

不过，月亮绝不会忘记对海豹妈妈的承诺。某天的黄昏时分，月亮在天上看见南方的原野上，有许多年轻的男女在百花丛中吹笛、敲鼓、跳舞。他们都是辛勤劳作了一天的牧人，此时南方已春暖花开，他们下田耕种后，傍晚收工，便在月下欢笑歌舞，借此驱散整日的疲惫。

如水月光映照着小道，少年牧人们驱赶着牛羊，少女们躺在花丛中休憩。花香阵阵、清风徐徐，令人陶醉其中，不知不觉便入了梦乡。

这时，月亮发现一面小太鼓[①]被人遗弃在草原上。月亮寻思着：索性就带这面鼓给可怜的海豹吧。

大家都不曾发现月亮悄悄地探出手，拾走了小太鼓。这个夜里，月亮背着太鼓，急急赶往北方。

北方的海域依然被冻得一片银灰色，寒风怒号，海豹妈妈仍旧伏在冰山顶上。

“嘿，我答应要送你的礼物，带来啦。”月亮说着，将小太鼓交给海豹。

海豹妈妈对这面小太鼓十分喜爱。不久后，当冰雪消融，月光再次照到这片海域时，波涛中传来了阵阵海豹击鼓的声音。

---

①太鼓：日本的代表性乐器，形状与啤酒桶相似，鼓身两面蒙上熟牛皮，直径从30厘米到超过1米。古日本人用太鼓驱赶病魔，同时太鼓也被作为迎神之用。

负伤的铁轨与月亮

铁轨从城镇铺设到乡村，又从乡村伸展到原野，一直铺到了深山里。

此地离城镇有几十公里。某天，一列装载沉重货物和众多乘客的火车，在经过这里时，将铁轨压伤了。

铁轨痛极了，感到世上没有谁比自己更不幸了。火车是那么重，每天都无情地从自己头顶压过，一次又一次。可是火车对此却漠不关心。不仅如此，火辣辣的太阳还灼烫着自己的身躯，自己虽然想躲到阴凉的地方，但又粗又大的轨道钉将自己紧固在枕木上，动弹不得。自己的身体真是伤痕累累啊！铁轨十分心酸，忍不住哭了。

“你怎么了？”铁轨旁一株开着淡红色花朵的瞿麦，羞涩地扭头问。一直以来，瞿麦都很关心铁轨，总算让铁轨有些许慰藉。

“刚才火车呼啸而过，把我压伤了。虽然没什么大碍，但我想到自身的遭遇和处境，悲伤极了。”铁轨答道。

“原来如此啊。你身体这么强壮，如果不是实在挺不住了，想必是不会哭泣的。我要是受了你这样的伤，真不知该怎么办了。压伤你的，应该是那列满载木头、煤炭、米袋和箱子的火车吧？它的车厢好像也比往日多了很多节。因为山的那边，有海和温泉，打算去那儿游玩的旅客不少。话说回来，你受的伤并不重，也算是万幸了。”瞿麦温柔地说。

“谢谢你，你这样安慰我，令我十分开心。当你还没有绽放时，我是多么孤单啊！”无论遇到什么困难都坚忍、沉默的铁轨，深受感动，朝向瞿麦的脸庞焕发出光彩。

“可是，我的生命就快结束了。天气酷热难耐，又长期不下雨，我的身体快支撑不住了。”淡红的花儿悲哀地说。

风从铁轨上方吹过，轻拂着瞿麦。

“似乎就快下雷阵雨了，远方雷声在轰响呢。不过这雷声你听不见，因为还在十分遥远的地方。必须再等一阵子，雷声才会传到这边。”铁轨倾听着远方的动静，说。

“是真的？太好了，这消息真令我高兴。”随风摇摆的瞿麦欢喜地说。

这时，轻拂着瞿麦的风开口说：“铁轨说得没错，今天一定会下雷阵雨。再过片刻，乌云就会聚到这儿的天空，遮住太阳。”

铁轨一心想让滚烫的身躯在雨中凉快凉快，瞿麦则渴望救命的大雨赶快浇透自己。果然，片刻后，乌云滚滚，迅速聚拢到蓝天上，很快就将阳光完全遮蔽。

原先在太阳炙烤下通红的大地，忽然被黑云笼罩，顷刻间变得阴凉舒爽，雷鸣声由远及近，越来越响。

铁轨和瞿麦默默凝视着天空中的风云突变。不久，大雨倾盆而下，落在瞿麦身上、降到铁轨身上。铁轨滚烫的身躯在雨中渐渐冷却。大雨冲洗着铁轨的伤口，叹息道："唉，真可怜……"

铁轨热泪盈眶，向大雨讲述自己的不幸遭遇：无情的火车将自己压伤，炽热的阳光曝晒着自己的身躯。

雨水轻声安慰铁轨说："可怜的朋友，你滚烫的身躯我已经浇凉了。不过我很快就要走了，月亮等会儿就将升起。它的脾气和太阳大不相同，虽然力量不及太阳，但它从前也相当了不起。你把自己的遭遇告诉月亮吧，它会帮你的。"

不久，乌云消散，夜空清爽，月亮升起在天边。柔和的银辉照着大地，比往日亮了许多。花朵带着雨露，早已睡熟，叶下传来阵阵虫鸣。

方才离开的雨水，可能已将铁轨的遭遇告知了月亮。所以当月光照到平原时，月亮最先出现在铁轨面前。铁轨将今天火车压伤自己，然后扬长而去的事，告诉了月亮。

"虽然那列火车的样子我不清楚，但它压伤你后不闻不问的冷漠态度，表明它太无情了。你知道它的车号吗？我去找它，让它对自己的行为认错。"月亮说。

铁轨便将那列火车的车号告诉了月亮。

月亮迅速地从城镇寻到乡村，再从乡村寻到深山，以最大努力寻找铁轨所说的那列火车。恰巧有列火车正经过铁桥，月亮急忙飞下查看，但车号对不上。

月亮找遍海岸、原野、每一个通火车的地方，将每列飞驰的火车都核对过了。其中有纯粹载货的火车、有客货同载的火车。最后，它来到一个海岸边，见许多人在这儿洗海水浴，有的仰卧沙滩上、有的在暗夜的海浪中游泳，他们都异口同声地说：“今晚的月色真美啊！”一列火车从此处经过，乘客从车窗探出头，欣赏着海景，谈笑风生。

但这列火车也不是月亮要找的。同一时段内，有很多火车在同时飞驰，铁轨说的那列火车会不会正好进了隧道，所以月亮一直没看见呢?

经过一整晚的凉爽后，铁轨已将昨日的疼痛忘光了。但月亮谨守承诺，继续寻找那列压伤铁轨的火车。终于，在一个列车停靠站中，月亮发现一列火车的车号，和铁轨说的一模一样。此时，那列火车正在静静地休息。

月亮飞速来到火车上方，用一贯温和的语气问道：“你为什么这样无精打采、精神不振呢？”

“您不了解我的疲惫啊！人类每天都要我跑很远的路，而昨天我更装载了超重的货物，把我的一个车轮都弄伤了。可人类却毫不在意，依然在车厢中有说有笑。我恨那些沉重的货物、我讨厌人类……”火车向月亮吐苦水道。

“啊，那你的身体现在也很疼吧？”月亮问。

“是啊，昨天和铁轨激烈摩擦时，伤了一个车轮。”火车答道。

月亮听了火车的话，有点不知所措了。现在看来，谁对谁错，真不好说。火车虽然压伤了铁轨，但现在也不好批评它了。

“那些超重的货物，运到哪里去？”月亮又问。

“不止一个地方呢。大箱子运到港口车站，煤炭和木头运到了其他的城镇。”火车答道。

“多多保重。”月亮向火车道别后，来到港口。这时轮船正冒着黑烟，即将离港。船上装着不少大箱子。月亮将光亮照到了轮船上。

“你们这是到哪儿去？”月亮问闷闷不乐的箱子们。

“我们也不清楚。自从离开家乡后，我们一直在火车上，待了很长一段时间。现在就要到广阔的大海去了，心中很没有安全感呢。”箱子思考了一会儿，如此答道。

月亮琢磨着：到底该怪谁呢？为此，它打算再去看看人类的动静。它来到城镇，向四周张望。或许因为夜已深，家家户户都已紧闭门窗。不过，有一户人家的二楼，装的是玻璃窗。月亮便从窗口向屋里望去，只见一个可爱的婴儿，正开心地冲着自己笑呢！

千纸鹤

从前有个小村子，村里住着一位善良的老奶奶。某天，当她从神社的庭院中走过时，看见神社竟已变得破败不堪。

在很久以前，当老奶奶还是个少女时，神社可不像如今这么颓败。每逢盂兰盆节[①]，远近的人们都会聚集来，在神社的庭院中载歌载舞。即使是平日里，人们也都常来参拜。

“真是世风日下啊！连神明都不放在心里了。实在是可怕……”老奶奶心想。

回到家后，老奶奶心里还惦记着这件事。

“奶奶，折纸鹤给我们玩。”孙子们手拿彩纸，跑到老奶奶跟前恳求着。

平时老奶奶总喜欢用灵巧的双手，折出很多纸鹤，分送给孙子们。

---

① 每年农历七月十五日为“盂兰盆节”，又称“中元节”，俗称“鬼节”“亡人节”等。人们在当天祭祀祖先、祈祷冥福。

“行，行。我立刻给你们折。”老奶奶和蔼地笑着。她眨了眨眼，干瘪尖瘦的手指快速翻动着，不一会儿，就用红蓝黄三色的纸，折出数只漂亮的小纸鹤。

忽然，她灵机一动，要是向神社敬献一千只纸鹤，那应该可以表达自己对神明的虔诚敬仰之心吧！

折完给孙子们的纸鹤后，老奶奶开始集中精神为神明折纸鹤。在一千只纸鹤都折好后，她用细绳将纸鹤串联起来，挂到神社前殿门上。老奶奶双掌合十，恭敬而拜，说道：“如此一来，神社看上去就又焕发生气了。”她期盼孤寂的神明能因此而得到慰藉，自己的心愿也就达成了。

老奶奶临走时，见那一千只纸鹤被冷风吹得荡来荡去。她回家后，依然放心不下那些纸鹤，担心它们会被风吹走。

在睡梦中，一只通体洁白的仙鹤自窗口飞入，对老奶奶说：“神明命我来请你。请跨到我背上，我带你去天堂。”

“你好像是我为神明折的千纸鹤中的白仙鹤，是吗？”老奶奶问。

“没错。今天晴空万里，咱们很快就能飞到。”

于是老奶奶骑上了仙鹤。等飞上天，她才知道自己原以为夜里天上会很黑的想法是错的。只见天空澄碧、阳光耀眼，晴朗暖和得让人十分惬意。

飞了一阵子，仙鹤掠过宽广的海面，在一片广阔无垠的原野上停了下来。

“瞧，这儿就是天堂。”仙鹤说。

咦，这儿看上去，和传说中的天堂大不一样呀，老奶奶很是惊讶。这里既无金碧辉煌的宫殿，亦无画里那样美貌的天仙，只有红色的花朵四处绽放，一眼望不到边。远方如闪耀着光芒的海洋，越向前越明亮。

这时，远方的大道上，有个男孩骑着骏马奔来。老奶奶定睛一看，这个孩子竟然是自己嫁人后生的第一个孩子，五岁时不幸病死了。老奶奶一辈子都没有忘记过他。

而那匹马，曾长期在老奶奶家干活，老奶奶对它也不陌生。后来由于家境困窘，不得已将马给卖了，也不知落到了谁手中。令人惊奇的是，男孩怎么会骑在它背上呢？老奶奶赶忙喊着男孩，男孩扭头向她欢快一笑，又继续向明亮的远方飞驰而去。

“快，带我追上去。”老奶奶请求仙鹤。

白仙鹤立即背负着老奶奶，展翅向远方飞去。

老奶奶感到身子忽而升高、忽而降低，猛然间，一个剧震，登时醒了。

“原来是场梦啊！之前献给神社的千纸鹤，不知怎样了？”老奶奶心想。

两三天后，不放心的老奶奶再次前往神社，只见一个女乞丐背负婴儿坐在前殿回廊歇息。那婴儿的手中，紧抓着一只纸鹤，正是老奶奶折的千纸鹤中的一只。

婴儿乐呵呵地玩着，脸上露出纯真的笑容，并不了解妈妈是多么饥饿、疲惫。

老奶奶见了，心中一阵悲悯。她认定是神明将千纸鹤中的一只给了这个婴儿，纸鹤不仅令神明喜悦，也令这可怜的婴儿快乐，真是件好事。

善良的老奶奶从怀中取出荷包，施舍了一些钱给女乞丐。女乞丐感激不尽，不停地鞠躬道谢。

女乞丐目送老奶奶离开神社庭院，直到看不见背影为止。随后，她转过身，向殿中的神明祈祷，希望神明保佑老奶奶永远幸福平安。

神社中静寂无声，只有老奶奶敬献给神明的千纸鹤，在风中飘舞。

花与少年

在乡下的亲戚中，数阿婆最疼太郎。

阿婆今年已经很老了。

太郎也很喜欢阿婆，每回阿婆拄着拐杖要来太郎家小住数日，太郎就开心得欢呼雀跃；每当阿婆要回乡下时，太郎就难过沮丧。

他对阿婆眷念极深，对阿婆临走所说的“等明年春天冰雪融化、山茶花盛开时，我一定再来做客”这句话，更是不能忘怀。

“不知阿婆现在怎么样了？冰雪快快消融，山茶花快点盛开吧。到那时该多好啊！”屋外堆积着厚厚的雪，空中乌云密布。在寒冷漫长的冬天里，太郎经常这样想。

寒冬渐渐过去，和暖的风频频吹来，冰雪开始消融。曾被积雪覆盖的树木、山岭，如今已隐约可见。

在太郎家的庭院中，种着梅树、山茶花、樱花等花木。各种鸟儿不知从何处飞来，都落在树梢上终日啼鸣。梅树洁白的花蕾正含苞待放；开花最早的山茶花，已开了一两朵火红的花。

“啊，春天到了，冰雪很快就融化啦。这样一来，乡下的阿婆又要来了。”太郎将头探出窗外，望着依然被压在雪下的庭院，默想着。

积雪慢慢地融化了，人们往来的道路显露出来。孩子们聚集到阳光照耀的干燥马路上，旋转陀螺、玩捉迷藏，一直嬉戏到夕阳落到杉树林后，才告别回家。

一天，太郎望见穿着黑外套、戴着黑风帽、拄着拐杖的阿婆的背影。

“阿婆……”太郎吃惊地喊道。

阿婆拄拐慢慢地走着，但方向是朝着冷僻的远方，而不是太郎这边。

“阿婆年纪大了，会不会认错了方向？”太郎想到这儿，立即拔腿追了上去。

阿婆终于来了，又可以在晚上给自己讲有趣的故事了。太郎高兴地使出全力向阿婆跑去。

阿婆的背影越来越近了，仔细看，的确是自己时刻想念的阿婆。“下次来时，我会带礼物给你。”太郎想起了阿婆曾经说过的话。

“阿婆！”太郎在阿婆背后大声喊道。然而阿婆似乎没听见，继续朝前走着。

太郎快步赶上，又喊了一声：“阿婆！”

阿婆这才听见，停下脚步，扭头看了看。她面孔的一半裹在黑风帽中，虽然看得不是很清楚，但从露出来的鼻子和眼睛来看，的确就是阿婆。可是阿婆这回并没有亲切地喊“太郎”，也不说“乖孩子”，而是默默地站着，脸上一丝笑容也没有。苍白的面孔和黑色的眼珠，带着一丝悲凉。太郎见她这样，心里一慌，担心自己是不是认错人了？两人就这样静静地对视着。过了一会儿，阿婆从衣袖中取出两个地瓜递给太郎。

随后，阿婆仍然保持着沉默，颤颤巍巍地向冷僻的远方走去。太郎瞧着手中的地瓜，没有洗过，还带着土呢。没错，她一定就是阿婆。可是，她的举止怎么和以前完全不同了？

太郎回到家，对爸爸妈妈说：“刚才我见过乡下的阿婆了，她给了我地瓜哩。”

妈妈却接话说：“你肯定是认错人了。乡下阿婆在去年年底就过世了，我们怕你知道了会难过，所以没告诉你。”

“把地瓜给我瞧瞧。”爸爸说。于是太郎将地瓜放到爸爸手中。

“啊，这不是地瓜，是木春菊的根呀！”爸爸说。

太郎深感奇怪。后来，每当他在屋外玩耍时，都会遥望着通向自己家的路，心里默想着，或许阿婆的身影还会再出现吧。

到了樱花盛开时，太郎将木春菊的根埋入土中。过了一段时间，发芽了。太郎每天都在高兴地盼望着：它会开出什么样的花呢？

初夏，两株木春菊开出了娇艳的花朵。一株是白色的，另一株是红色的。

虽然太郎一直觉得乡下的阿婆仍活在世上，但等啊等，阿婆最终也没有拄着拐杖再来太郎家做客。

千代纸之春

在小镇的尽头，有一座桥。一位老爷爷在桥旁卖鲤鱼。每天清早，老爷爷都从鱼货批发商那里买进鲤鱼，然后向着过往的行人大声吆喝着："鲤鱼、鲤鱼，来买鲤鱼吧。价钱公道。"就这样日复一日，年复一年。

行色匆匆的路人中，有些人会暂停脚步，看上几眼；有些人则不理不睬，径直走过。老爷爷也不灰心，坚持吆喝着。

当然，也会遇上识货的人，说一声："这鲤鱼真棒。"然后付钱买走鲤鱼。

这天黄昏时分，老爷爷的鲤鱼都卖得差不多了，只剩一尾最大的鲤鱼，依然留在水桶中，无人问津。

老爷爷见大鲤鱼一直卖不掉，十分着急，琢磨着无论如何，必须在天黑透前，把它卖掉。

"快来看哪，大鲤鱼便宜卖啦。都来瞧一瞧。"老爷爷大声招揽着路人。

这尾大鲤鱼原先生活在河里，每当听到水流的哗哗声，它就怀念起故乡的大河，怀念起倒映着树影、波平如镜的水面。可是，如今被捉到这水桶里，再也无法自由地畅游了。而且自从被人类捕到后，数日里辗转运输，大鲤鱼身体已虚弱到无法承受，以往的活力全消失了。

大鲤鱼伤心地想着孩子、朋友，渴望能与它们再见一面。

“快来买鲤鱼啊，最后一尾，也是最大的。便宜卖啦，快来买吧。”老爷爷用嘶哑的嗓子，向来来往往的行人们吆喝着。

由于时已黄昏，大家都赶着回家，听见吆喝声，大都匆匆瞥了一眼，心想：“便宜没好货，肯定是味道不好。”

大鲤鱼白肚朝上，浮在水桶中。由于一直没有更换清水，它的生命看起来也不久长了。

此时正值初春，流淌的河水渐渐高涨。水是由山上流下来的，因为山中的积雪正在融化，雪水顺着山谷流入河中。连池塘都涨满了水。风和日丽时，人们便从小镇、村庄来到河边、池塘边钓鱼。

可怜的鲤鱼正这样回忆着往事，一位老奶奶拄着拐杖，由桥那边走来。老奶奶因为有心事，所以显得垂头丧气。原来，她可爱的孙女美代子，此刻正因病卧床。老奶奶在心里默默祈祷着，希望孙女的病早点痊愈。

美代子今年十二岁，因为病休的缘故，已经很久没去上学。虽然请了多位医生诊治，但病情一直不见好转。她慢慢地变得没有以往那样活泼了，每天大多数时候都是躺在床上。偶尔起来，就帮布娃娃穿衣、看看杂志和画册。父母不允许她去户外和伙伴们蹦蹦跳跳地玩耍。

不仅是美代子的爸爸、妈妈，家里其他人也都为美代子的健康而忧心。

“为什么美代子的病一直不好呢？”老奶奶心里挂念着孙女，颤颤巍巍地拄拐来到桥旁。

“快来买鲤鱼啊，便宜卖啦。”老爷爷还在吆喝着。他一心想着早点把鱼卖掉，家里还有两个小孙子在等他呢。由于家境贫寒，如果不卖掉鱼，就没有钱买食物，全家人就吃不上晚饭了。

“快来买鲤鱼啊，便宜卖啦。”老爷爷热情地招呼着。

老奶奶听到了，停下脚步，低头瞧着桥边水桶里的大鲤鱼。

这时，她忽然想起，曾有人说过：“给病人吃鲤鱼，会很快恢复健康。”

“这条鲤鱼真大啊！”老奶奶惊奇地说。

“便宜给您，您要吗？”老爷爷问。

“我那孙女病了，我正打算买鲤鱼给她吃呢。”

“只要她吃了这条鲤鱼，管保病立刻就好。”

老奶奶盯着大鲤鱼的白肚皮，问：“怎么这鱼看起来病恹恹地动也不会动？”

“它可没病，只是因为身子弱，看上去没精神。”老爷爷答道。

老奶奶侧着头，又细细看了看，问：“这鱼是不是死了？”

老爷爷急忙答道：“没有的事。您瞧，它的嘴巴还在一张一合呢。”

“怎么卖？”

“特别优惠您，就一两钱。”老爷爷说。

“你抓住它尾巴，提起来，让我瞧瞧它还会不会蹦。”老奶奶要求说。

老爷爷见大鲤鱼果然一动不动，也怕它真的死了，便抓住它的尾巴，提了起来。

大鲤鱼心想，这是唯一逃生的机会了，不然再过几分钟，自己就要被杀了。于是它使出全身气力，甩动尾巴猛拍老爷爷的手腕。老爷爷吃了一惊，手一松，大鲤鱼趁机从桥旁跃入河流中。

“啊，鲤鱼逃掉了。”路人们纷纷叫嚷着，围了过来。老爷爷和老奶奶都傻眼了。特别是老爷爷，鲤鱼这一逃，他损失最大，连给小孙子们买晚饭的钱都没有了。

“如果不是你要求把鲤鱼提起来，鲤鱼怎么会逃走？所以你必须把鲤鱼钱付给我。”老爷爷大声对老奶奶说。

“这是什么话？鲤鱼还没到我手上，怎么能付你钱？我那可爱的孙女半点没尝到鲤鱼的滋味，这钱我绝不会给。”老奶奶也高声争辩道。

这时，人群中走出一个长发的算命先生，对老奶奶说：

“老奶奶，这可是件大喜事啊。您认为已死的鲤鱼，却能跳入河中逃生，可庆可贺呀！您孙女明天就能痊愈了。心疼子孙，谁都一样。这位卖鲤鱼的老人家，家里也有可爱的小孙子在等着呢。老奶奶，将心比心，您还是把鲤鱼钱付了吧。”

老奶奶原本不打算付钱，但听了算命先生的话，感到有道理，便用枯瘦的手从钱包中掏出钱，递给老爷爷。

见老奶奶肯给钱，老爷爷登时喜笑颜开，从怀中取出一张美丽的千代纸①，说：“这张千代纸，我本来打算送给自己孙子的，现在送给您，请转交给您生病的孙女吧。”

“千代纸呀？我孙女有很多，不需要了。”

老奶奶谢绝了老爷爷的好意，但老爷爷硬是将千代纸塞到老奶奶手中。

“孩子们都喜欢各种不同的颜色，多一张也会开心的。”老爷爷说。

老奶奶收下千代纸，拄着拐杖颤颤巍巍地走了。

明月高悬，老奶奶到家后，将大鲤鱼跳入河中逃走，自己依然付了鱼钱的事，告诉给家人。

美代子的母亲听完，说：“您连鲤鱼都没拿到，却给了鱼钱，真傻。”但美代子的父亲却说：“这件事可喜可贺，美代子的病很快就会好了。”他说的话，和那个算命先生所说的一模一样。

老奶奶将大鲤鱼当时逃走的情景详细说给家人听，一家子开心地大笑，其乐融融，那场面温馨极了。美代子在明亮的灯光下，边听奶奶讲述，边在心里想：那条逃走的鲤鱼现在怎样

---

① 千代纸：印有各种不同花色的和纸，可张贴于盒箱上做装饰，也是纸手工艺品、纸人偶的材料。也可纯粹当作观赏的艺术品。

了呢？是不是已经顺着河流，回到了故乡？如果真是这样，那它的孩子和朋友们该多高兴呀！

这时，老奶奶拿出那张美丽的千代纸，递给孙女：

“这张千代纸，是那位卖鲤鱼的老爷爷，为他的小孙子买的。他知道你生病后，就让我转送给你。”

“老爷爷的心地真善良啊！”美代子的母亲说。

“哈哈，虽然没拿回鲤鱼，但得到了千代纸，也不错嘛。”美代子的父亲笑道。

美代子现在知道了，原来卖鲤鱼的老爷爷的小孙子，年龄和自己一样大。他长什么样呢？美代子忽然对那位小朋友有了亲切感，还想着和他交朋友。

“今天医生来过了，他说美代子可能是肚子里生了蛔虫，把那包驱虫药吃了，就没事了。可能她的病，就是蛔虫造成的。”母亲对父亲说。

“没有吃到鲤鱼，对孩子来说，也许是好事呢。”父亲说。

“早点养好病，去学校上课。都已经春暖花开了。”母亲自言自语地说。

灯下，美代子手拿剪刀，将千代纸剪成片片纸花。她在心中默默祈盼，希望自己痊愈后，能和朋友们去原野、公园玩耍。接着，她推开窗户，将纸花全部撒向窗外。飘舞着纸花的月夜，美极了。

过了两三天，庭院中开满了朵朵不知名的鲜花。这些鲜花，都是用千代纸剪的花变成的。而美代子的病，也终于痊愈了。

某夜星星们的谈话

这是一个十分寒冷的夜晚，天空如同明镜般澄澈，不见一丝云彩。风也似乎感到了冷冽，发出如泣如诉的悲沉低吼，阵阵吹过。

从遥远的天空俯瞰大地，地面正被一层雪白的霜覆盖着。

严寒冰冻了一切：骨碌碌不停转动的水车，停转了；哗哗流动的溪水，结冰了；连水田里，也封上了一层冰。

“地面上太静了，应该是寒冷的缘故吧。”一颗星星小声地说。

星星们平时散处在天空中，极少互相交谈。如果不是今夜风雪交加、格外寒冷，再加上无风无云，一片静谧，它们是不会开口的。

星星们向来喜静厌喧，悄无声息的夜晚是它们的最爱，它们自己的声音就十分细微。此刻是深夜一两点间，正是晚上最宁静、最寒冷的时候。

“如此寒夜，无论是谁，都会选择在被窝中香甜地入梦。大树枝叶低垂，合眼沉睡；山中野兽，避入洞中歇息；水中鱼儿，也都钻到石头底下，静静入眠。所有生命，应该都在梦乡中了。”一颗星星说。

“不是的，也有睡不着的人！我望见一户穷人家，家里的姐弟俩，由于白天十分辛苦，所以现在已经熟睡。姐姐在工厂里干活，弟弟在电车站的拐角处卖报。他们都是乖巧听话的好孩子，为了补贴贫困的家庭，虽然年纪还小，却已在外工作赚钱。他们的妈妈抱着另一个还在襁褓中的婴儿睡觉，可是因为缺少奶水，婴儿总会在半夜饿醒，哭闹着要吃奶。看，那婴儿又快醒了，妈妈正在起床，准备用罐子热牛奶。”另一颗在天空的角落里闪闪发光的星星，这样回答同伴的话。这颗星星心地善良，整夜都在关注着人间。

“那姐弟俩现在在做什么梦呢？希望他们能有一个香甜的美梦。”又有一颗星星说。

“姐姐正梦见自己与朋友们一起在公园里游赏。梦里的春天那么美，阳光和煦，花坛中百花盛开，大家正分辨着花的种类，聊着花名。你们瞧，她露在旧棉被外的小脸，正开心地笑呢。这说明她此刻是幸福的。”那颗心地善良的星星快乐地答道。

“那么，弟弟现在在做什么梦呢？”其他星星好奇地问。

“因为昨天他在电车站的拐角处卖报时，一条突然蹿出来的恶狗对着他狂吠，所以把他吓坏了。这件可怕的事，在他心里留下了深刻印象，就连现在做梦，都梦见自己被恶狗追赶，号啕大哭呢！你们瞧，他那张天真的小脸，在昏暗的灯光下，正流着眼泪哩。”那颗心地善良的星星同情地说。

“啊，弟弟真可怜，我们应该帮帮他。”一颗位于角落，刚才一直沉默的星星说。

“我轻轻地晃了晃他，使他明白这不过是梦。但我没有晃醒他，你们瞧，他现在已经不害怕了。”善良的星星说。

星星们对姐弟俩放心了。但孩子们的妈妈还要在这天寒地冻的夜晚起床热牛奶。

它们沉默了。

一会儿后，负责掌管命运却看不见东西的星星问：“除了那位母亲，还有谁在工作？”

“还有火车在寒夜里飞奔。”那颗心地善良，整夜都在关注着人间的星星回答道。

的的确确，不管夜晚是冰雪严寒，还是刮风下雨，只有火车在辛勤地工作着。

“火车这么晚了还在飞奔？”那颗看不见东西的星星惊讶地问。

“是呀，火车还在飞奔着。一路不停地从城镇驶向原野，又从原野越过大山，到达一个又一个目的地。乘坐火车的人，去的地方都很远，现在由于疲倦的缘故，都在打瞌睡。只有火车不停地向前飞奔。”一颗对人间情况相当熟悉的星星答道。

“一直不停地飞奔，火车能撑得住吗？”掌管命运的星星侧头问。

“撑得住！因为火车的身躯是用铁打造的，所以不会感到疲倦。”善良的星星答道。

听到这个回答，命运之星浑身剧震，似乎很不高兴，发出可怕阴冷的光芒。“怎么会这样？我竟然不知道天底下还有如此坚固、强大、永远不会疲倦的事物存在！”它怒吼着，觉得这是对自己掌管命运的一种挑战。

“难道火车可以与掌控命运的您抗衡吗？火车和铁路虽然是用硬铁制造的，但时光的流逝，会使它们被锈蚀，最终被湮灭。您才是世界的征服者，在浩瀚宇宙中，没有任何事物可以与您对抗。”善良的星星说。

这话听起来挺顺耳，命运之星放心了，高兴地笑着，点了点头。

片刻后，空中微风轻拂，天色渐明。

星星们各自想着心事，一时都默默无言。

“还有什么事吗？”一颗星星问。

“有两根烟囱，此时正为是哪家工厂的汽笛先鸣响，而激烈争吵。”那颗心地善良、整夜都在关注着人间的星星回答道。

“挺有趣呀，烟囱还会吵架！”另一颗星星插话说。

原来，在地面上并立着两家工厂，一家是纺纱厂、另一家是造纸厂。每天清晨五点钟左右，两家工厂的汽笛就先后鸣响。

在两家工厂的房顶上，各有一根高耸的烟囱，昂首朝向布满繁星的天空，争论着昨天究竟是哪家工厂的汽笛先鸣响。

“是我这里工厂的汽笛先响的。”造纸厂的烟囱说。

“胡说，明明是我这里的工厂汽笛先响的。”纺纱厂的烟囱不服气地反驳说。

它们就这样你一言、我一语地吵着，却得不到任何结果。

“那你今天可得听仔细了，到底是哪边的汽笛先鸣响。”造纸厂的烟囱气鼓鼓地向纺纱厂的烟囱喊道。

“你也一样，得听仔细了。不过，现在这儿就咱们俩，没有可信赖的证人，以后再有争论，又说不清了。”纺纱厂的烟囱说。

“此话有理。”造纸厂的烟囱表示同意。

天空中那颗善良的星星听到了两根烟囱的谈话，便对伙伴们说：“那两根烟囱需要一个证人，证明哪家工厂的汽笛先鸣响。”

“在那两家工厂附近，能找到可靠的证人吗？”一颗星星问。

“大清早的，天又冷，绝大多数人都还赖在被窝里呢，谁会去注意汽笛声呢？只有那些穷人家的苦孩子，为了帮父母养家，才会很早就起床去工厂上班。也只有他们能听到汽笛声。”另一颗机灵的星星答道。

“是的，先前那姐弟俩，现在已经睁眼准备起床了。”善良的星星向伙伴们说。

它一直在关注着人间。

姐姐和弟弟这时都醒了，睁开惺忪的睡眼。

“天亮啦。”弟弟对姐姐说。

弟弟今天依然要去电车站的拐角处卖报，他想起了昨晚被狗追赶的噩梦。

“造纸厂和纺纱厂汽笛过会儿就响了，到时就是五点整。你听到响声再起床。我先起来，帮妈妈做早饭去。”姐姐说。

正在厨房忙碌的妈妈见姐姐走进来，急忙说：“今天特别冷，你再睡会儿吧。妈妈做早饭就可以了，到时叫你们起床吃饭。工厂的汽笛还没响呢。”

“妈妈，小弟弟睡得可香了。”姐姐望着在襁褓中的幼弟，说。

“嗯，昨晚实在太冷了，他哭了很久，刚刚才睡过去。”妈妈答道。

姐姐不愿再回床休息，帮着母亲做起家务。

屋外的地面覆满白霜，虽然清晨天气寒冷，但穷苦的人们已开始忙碌。星光渐渐暗淡，再过一阵子，太阳就将露出脸来。

猎人与熊

一个猎人扛着猎枪，入山打猎。

穿过山间密密的竹林，映入眼帘的，是一条流水潺潺的小河。

这时猎人觉得口干舌燥，便想喝点水，停下来休息。忽然，身后传来“沙沙”的走动声。

“什么东西？”

高度警惕的猎人立刻闪身躲入竹林。

一只小熊从对岸走来。

猎人马上举枪瞄准，但转念一想：“不如再等等看。才这么一只小熊，活捉回去吧。”

于是，他从腰间解下麻绳。

又是一阵“沙沙”声传来，声音比刚才还大。

是熊妈妈。

她哗啦啦地走进河里，小熊跟在她身后。

“母子俩打算干什么呢？”

猎人放下枪，暂停动作，好奇地观察着。

熊妈妈在河里找到块大石头，翻过来，一把摁住躲在石头下的螃蟹，用熊掌磨碎，递给小熊。

小熊十分高兴，吃完后，又央求妈妈再给一只螃蟹。

熊妈妈怜爱地看着小熊，将捉到的螃蟹都给了孩子，自己一只也没吃。

猎人见到这一幕，深受感动，心想：

“无论是人类还是熊，母亲对孩子的爱，都是一样的。”

猎人最终没有朝熊母子开枪，两手空空地回家了。

小岛的黄昏

在南方，有一座温暖的小海岛，那里的冬天名不副实，岛上四季如春，草木葱翠，百花盛开。

初春的一个黄昏，一位外地来的游客在岛上匆匆地走着。看样子，他是头一次来到这个海岛，不停地张望四周，探寻着自己的目的地——一个小村庄。

这位游客跋涉了千山万水，路途中还乘过船，从遥远的国度来这里寻访亲人。

周围的地貌全是原野与山丘。他望着道路旁清新脱俗的水仙花、山上盛开的红艳艳的山茶花，却没见到一户人家。海面上和风送暖，风中带着醉人的浓香。

渐渐地，日沉西山。

“现在都已经傍晚了，怎样才能尽快赶到目的地呢？”拿不定主意的游客，站在那儿思索着。

唉，附近连一户可以问路的人家都没有，该咋办呢？他又开始向四周张望。静谧的黄昏天空下，从远方隐约传来浪涛拍石声。

这时，一间茅草屋映入游客眼帘，屋顶是棕色的。游客急忙走上前，一瞧，原来是一间连篱笆都已破损不堪，似乎从未修葺过的破草屋。谁会住在里面呢？游客感到十分诧异。

他又向前走了几步，登时惊呆了。只见门口伫立着一位年轻貌美的女子，雪肤花容、绝色脱俗，自己生平仅见。她长发如瀑，顺着双肩直垂腰后；明眸似水，皓齿如贝，红唇娇艳如花；前额宽阔，光洁如玉。

游客心中赞叹，暗想在这样偏僻的小岛上，怎会有如此顾盼生辉的佳人？哦，不，或许应该说，正因为这小岛如此美丽，才会有这样迥异流俗的美人。

游客走到美妇人跟前，说："请问，我要去一个有神社的小村子，该怎么走？"

"您是远道而来的游客吧？"美妇人脸上露出一丝凄凉的苦笑。

"嗯。"游客答道。

美妇人稍稍迟疑了一会儿，说："我也有事要去那儿，正好顺路，咱们同行吧。"

"那有劳了。"游客喜道。

"您的家，是在这茅草屋中吗？"刚走了几步，游客就回头问美妇人。

美妇人语调悲伤地答道："不，那草屋怎会是我家呢？今天因为我的两个小女儿在外玩耍，到黄昏还不曾回家，所以我出来接她们。经过那屋子时，见到墙上挂着一件衣裳，似乎是我妹妹的。她在去年失踪了。我睹物思人，这才站在门口出神。”

游客没想到会得到这样一个令人惊讶的回答，无言可以安慰，只好凝视着她美丽的侧脸。就在此时，两名可爱的小女孩自远处跑来，喊着：“妈妈，妈妈！”美妇人的神情立即由哀伤变为欣喜，将两个小女孩紧紧搂进怀中。

“咱们就在此处告别吧。您继续沿路前行，不久就能到达有神社的小村子了。”美妇人为游客指明路径后，带着女儿，拐上另一条开满鲜花的小道，朝着隐隐传来浪涛声的山麓走去。

游客顺着美妇人指点的方向，继续前行，渐渐到了深山中。漫山的橘子树，已结满果实。太阳完全落山的那一刻，他终于到达了目的地。

当晚，游客在灯光下，向亲戚们讲述黄昏时遇见美少妇的事，还有最后她穿过小道，朝静寂山麓走去的经过。

亲戚们听完，全都惊愕万分，说道：“怎么可能？那间荒屋从来就不曾住过人啊！”

游客登时想起美少妇说的：“……见到墙上挂着一件衣裳，似乎是我妹妹的。她在去年失踪了……”这句话，相当可疑。

次日，游客与亲戚们寻到美少妇昨天伫立的那间茅草屋。

这座小海岛气候宜人，天清气朗，许多蜜蜂都乐意来此采蜜。

当他们靠近茅草屋时，发现草屋依旧破损不堪，毫无有人居住的痕迹。游客细细查看，终于在墙角见到一张大蜘蛛网，网上粘着一对蝴蝶的美丽翅膀……

魔鞭

有个懂得魔法的小童，在北方最北的海面上玩耍。阳光照在漂浮的冰山上，银辉闪闪。

小童玩着玩着，感到十分无趣，喃喃自语道：“唉，这些游戏都玩腻了，真想有其他好玩的。”

这时，一头看上去精神不振的白熊，向小童走来。

“请问，阁下是不是海王子殿下？”白熊问道。

“没错，我就是海王子。你怎么了，好像受伤了？”

“嗯，是凡间的人类干的。”白熊边说边流下痛苦的眼泪。

“啊，真糟糕。我帮你找点良药治伤！”海王子说完，纵身入海，游到海底寻到多种疗伤的海草，细细揉碎后，轻轻地帮白熊涂抹在伤口上。

“海王子殿下，我的生命快到尽头了，求求您，替我报仇！”

“报仇？我可以做到么？”

“一定能。不过，您需要事先得到那颗星星的帮助。”

苍穹上，有一颗璀璨的星星，正闪着幽蓝色的光芒。白熊双掌合十，朝着星星顶礼膜拜，随后起身“扑通”跳入海中。

过了片刻，白熊带着从海里取上来的一条银色的长鞭浮出了水面。

“海王子殿下，这条长鞭有魔力，您带上它，为我报仇去吧！”

“好！我马上前往人类的聚居地，为你报仇！”海王子答应道。

白熊低吼一声，踉踉跄跄地转身离去，消失在冰山后面。

海王子连甩三下闪着银光的魔鞭，登时变身成凡间的小男孩。红帽头上戴，蓝衫身上穿。

接着，他又连甩三下魔鞭，说道：“送我去对岸。”海面上立即有大冰块漂来，停到海王子足下。

“嗯，这大冰块挺合适。”说完，他纵身跃到冰块上，如离弦之箭，以极快的速度在阴冷的海面上乘风破浪，不一会儿就到达对岸。此处是凡人们聚居的村落。

大雪纷飞，周围一片白茫茫，凛冽的寒风在耳旁呼啸。几乎家家户户的屋门都紧闭着，寂然无声。唯有一间小屋中亮着灯光，光线从窗户透到外面。

“咚，咚，咚。”屋外传来敲门声。

“夜深了，是谁在外边啊？”在书桌旁写作业的太郎和正子，侧耳细听门外的声响。

门外有人答应道："晚上好，打扰啦！"

兄妹俩起身开门，只见一个戴红帽穿蓝衫的小男孩，打着冷战站在门口。

"抱歉，我迷路了，可不可以在这里借宿一晚？"

"呀，怪可怜的！快进来吧，烤烤火暖和一下！"

兄妹俩客客气气地请海王子进屋。

"不好意思，因为妈妈生病了，所以家里没什么好招待。肚子饿了吧？"正子一边说，一边将米饭端到海王子面前。

吃完饭，太郎让出自己的床铺给海王子："请在这里歇息吧。"

深夜，海王子从梦中醒来，一看，兄妹俩蜷缩成一团，身上只盖着一条薄毛毡。海王子心中感动："呀，没想到凡人中也有好人啊！"

次日清晨，海王子诚恳地对太郎兄妹说："你们母亲的病，让我来治吧！"

说完，他连甩三下手中的魔鞭，兄妹俩的妈妈立刻痊愈，从病榻上坐起身，可以下地了。

"啊！"

太郎全家开心得又笑又跳，就像在梦中一样，不敢相信。等到惊喜不已的他们回过神来，要向海王子道谢时，海王子已悄悄地走出屋门，离开了。

海王子边走边寻思："我已经答应了帮白熊报仇，可是把温厚的白熊打成重伤的那个人类，到底在何处呢？如果每个凡人都像太郎、正子一样善良，我倒是愿意留在人间，不回冷清的北海了。”

大雪漫天，将道路埋在厚厚的雪中。冷风呼啸，吹得人无法睁眼。海王子见顶风冒雪，无法前行，只好走到一棵大树下，暂作休息。

“天寒地冻的，该上哪儿去呢？”他想着心事，不知不觉睡着了。

就在这时，一位肩膀上扛着猎枪的老猎人从对面走来。

他瞧见了海王子：“这是谁家的孩子啊？怎么躺在野外睡觉呢？嗯，可能是迷了路，看上去十分疲惫呢！”

于是，他靠近海王子，轻轻摇了摇他，说：“喂，喂，孩子，别在这里睡觉，会着凉的，快醒醒。”

海王子被摇醒了，朦朦胧胧中看到面前的人，大吃一惊：“啊，是个猎人！”

但猎人一点儿也不凶恶，而是和蔼地劝他：“孩子，如果在野外睡觉，很可能被熊吃掉哦。”

“老爷爷，您说的熊，是白熊还是黑熊？”海王子试探着问道。

“啥？白熊？哈哈，我见过的熊，从来都是黑色的！”老猎人笑着答道。

老猎人的答话，让海王子明白打伤白熊的不是他。

“老爷爷，您有没有见过白熊？”

“一次都没有。”

“那黑熊是不是都很坏？”海王子又问。

“别的地方我不知道，但这座山的黑熊，个个都坏透了，先后有两个人丧生在熊口下。所以你在野外十分危险，跟我回猎人小屋吧。”

老猎人说完，带着海王子回到了在森林中的小屋。

进屋后，老猎人先抓起一把干枯的松叶和树枝，扔入火炉中。小屋很快就在炉火的作用下暖和起来。海王子瞧了瞧屋里的摆设，见到一张大熊皮挂在窗上。

“这张熊皮是怎么回事呢？”海王子问。

“这熊皮呀，是从一只被我打死的黑熊身上剥下来的。”老猎人答道。

“干吗要把它挂在窗户上呢？”

“这样做，可以激怒别的坏熊，引它们过来。一般到了寒冬，熊都躲进山洞里冬眠了，但这座山的黑熊却不停地出来骚扰村民，坏透了。”

老猎人一面说，一面将烤好的饼和鸡肉递给海王子，慈祥地说道：“来，尝尝看，这是野鸡肉，十分美味。”

忽然，屋外传来阵阵狼嗥，可怖极了，而且听声音越来越近。老猎人和海王子向窗外望去，只见一群狼正从森林中向小屋奔来。

“它们一定是嗅到烤肉香，所以奔来觅食。”

老猎人举枪向狼群瞄准，随后“砰”地开了一枪，奔在最前的一只狼应声倒地。其余的狼都受惊而逃。

“哈哈，我的枪法不错吧？”老猎人自得地笑道。

海王子对老猎人的枪法深感佩服，开始放心地大嚼起饼和鸡肉。但过了一阵子，老猎人的神色又慌张起来，原来一头体格健硕的大黑熊，正向小屋冲来。

老猎人再度举枪，瞄准黑熊，“砰”地又开了一枪。但这回他可没有像打狼那么从容了，这枪打偏了。黑熊听见枪响，越发暴跳如雷，冲到窗前，伸出前爪，啪啪啪，捣毁了窗户，然后朝着老猎人猛扑上来。老猎人慌得摔倒在地。

正在危急关头，海王子“呼”地甩出银光闪耀的魔鞭，抽到黑熊身上。黑熊登时四肢麻痹，无法动弹。

海王子高呼：“老爷爷，快逃！”

老猎人挣扎着爬起，抽出匕首向黑熊刺去。

“老爷爷，千万别碰那只黑熊！实不相瞒，我是个魔法师，从海世界来，并非凡人。这条魔鞭已经在黑熊身上施了法，您快离开这儿吧！”

老猎人吃了一惊，拔腿就跑，远离了小屋。

海王子随即解开黑熊身上的魔法，劝道：

“黑熊，不要作恶了，马上回深山去吧。我可以和你们做朋友，所以不会介意你的袭击。但人类就不同了，他们有猎枪，你们千万不能随便袭击他们，会吃大苦头的！”

但黑熊并不听海王子的话，反而恼羞成怒，作势要扑上去撕咬。海王子无奈，再度高举魔鞭，黑熊不禁打了个哆嗦，紧缩起身子。

海王子怒道：“你打算不听我的劝告吗？”

黑熊求饶道：“王子殿下，放过我吧，我立刻回山，再也不敢骚扰人类了。”说完快步跑出了小屋。

“老爷爷呢？逃去哪儿了？”海王子默默地在火炉旁取

暖，等候老猎人回屋。

过了一阵子，老猎人满脸惊恐地跑回小屋，对海王子说道：“形势不妙，海盗们听说你有魔鞭，脖子上还有一串珍贵的项链，正打算来抢呢！这次换你快逃吧！”

“老爷爷，多谢你的提醒。不过不要紧，还是请您快逃吧，我留在这儿没问题。”

“没错，那伙海盗穷凶极恶，我要是留在这里，他们也会杀我的。那你保重，我先走了。”老猎人说完，慌慌张张地逃离小屋。

夜幕降临了。圆月皎洁，如明镜般高悬在天。小屋周围洒满柔和的月晖。

忽然，小屋对面的森林中，传来喧哗声。

“终于来了！”

海王子紧握魔鞭，借助月光向前眺望。咦？来的并不是海盗，而是熊、猴子、狼、野兔等动物，成群结队，奔跑而来。

海王子开心极了，欢呼雀跃地跑上前迎接。

明月将银光洒满大地，熊、猴子、狼、野兔将海王子围在正中，欢快地跳起舞蹈。

海王子头戴红帽，手舞银鞭，异常显眼。

这时，一个海盗也已悄悄来到小屋外。他此行的目的，是为了抢夺海王子颈上的宝石项链。当海盗见到海王子与动物们起舞时，顿时犹豫了：“奇怪，那孩子难道不是人类？”他扭头思忖片刻，决定无论如何也要抢到项链，所以要去找同伙们来帮忙。

于是他握着手枪，离开了小屋。

空地上，歌终舞罢，海王子说道："朋友们，现在我们该告别了，大家都回山去吧！"

动物们见分别在即，都很伤心，就连狐狸和狼都流泪了。

海王子走了，大家一路相送，送到山脚下，仍然不舍离别。他们目送着海王子的背影远去，直至看不见为止。

海王子行至海边，见岸边有条船停泊着。他登上船，因为一夜没歇息，感到疲倦，于是倒头便睡。

等他醒来时，耳畔传来低语声。他向周围仔细一看，不由得吃了一惊。原来，这条船是海盗船。海盗们此刻尚未发现他，正在低声商谈。

"把白熊打成重伤的，没准就是这伙坏蛋。"海王子心中暗想。

于是他手舞闪着银光的魔鞭，走向海盗。

"啊，船上竟然藏着个孩子！"一个海盗瞪大眼睛，大喊道。

海盗们纷纷拔出手枪，起身喝问道："你是谁？"

"你们是谁？"海王子反问道。

随后，海王子又笑着说："我是来给你们送这件宝贝的。"

言毕，他从脖子上摘下宝石项链，扔向海盗。海盗们见了，人人贪婪，顿时争抢扭打起来。

"别争也别抢。这项链只奖赏给把白熊打伤的那个人。"

海王子话音刚落，一名人高马大的海盗就抢着嚷道："那白熊是我打伤的！”说完，伸手夺过宝石项链，戴到自己脖子上。霎时间，他四肢着地，变成了一头白熊。

海王子终于帮身负重伤的白熊报了仇。

黑色人影和红色雪橇

这个离奇的故事，发生在遥远的北国。

某天，该国的男人们正在冰上干劲十足地埋头做事。此地每到入冬，海面就会结上厚厚一层冰，就像一面巨大的冰镜。由此便可推断出，天气是多么寒冷了！

这个国家位于北极，一到夜里，相比其他地方，天空显得更加低垂，仿佛就在头顶似的；由于离地面十分近，所以星星看上去也大得很，闪烁的星光如在眼前。在特别寒冷的夜晚，这些星光都似乎被冻僵了，就像镶在蓝色天幕上的一根根细冰柱。甚至连树木也会被冻裂，发出咔咔声；海水则冻得像磨亮的硬铁板，纹丝不动。

正是因为该国是如此严寒，所以男人们在劳动时，都穿着黑色的兽皮大衣御寒。此刻海天阴霾重重，现出沉沉的灰色。

忽然，男人们脚下厚厚的冰层迅速开裂。大家都被这前所未有的事惊呆了，直愣愣地盯着脚下，只见黑漆漆的裂缝越来越大、越来越深。

“糟糕!”被留在冰面上的三个人，高声惊呼，但为时已晚。裂缝已经大到无法纵身跃过，也无法架桥逃离。冰块仿佛受急流推动，飞快地滑向远处。

冰面上的三个人挥舞胳膊，用尽全力大呼救命。但是，接近陆地的冰面上虽然有不少人，却全都束手无策，只能眼睁睁地望着同伴被冲走。

大家慌慌张张，不知在叫嚷些什么，都乱了阵脚。就在这当口儿，载有三个人的大冰块已迅速地被冲向暗灰色的大海上。接近陆地的冰面上的人们，依然无能为力，只能呆呆望着。很快，三个人影就消失在远方。

人群中议论纷纷：像刚才那样冰面骤然裂开，其中一半如离弦之箭般漂向大海的事，真是前所未见，谁都不曾遇到。太离奇了！大家都为冰块上被冲走的三个人担心。

有人对他们获救已不抱希望，说道：“瞧这模样，也没法子啦。冬天船也无法出海，追不了他们。”大多数人听了，都点头说：“确实如此。”

不过，仍有五个人不同意，摇头说：“他们是我们的同伴，岂能坐视不理？一定要想办法救他们！”

“今天这样稀奇的灾难，在咱们国家可是第一次！人力渺小，不能与自然之力抗衡的。”有人反驳说。

其他人都觉得此话有理，于是个个默不作声。

“你们不去救，我们去！”那五人齐声说道。

这个地方备有五架红色的雪橇，可以让狗拉着，在冰面上快跑。雪橇只有在发生紧急事故时，才能启用。

五人连夜做好出发的准备，将必要的吃穿用的物品都搬上雪橇，而后静待天明。当晚比以往任何一天都冷，滴水成冰。天光破晓后，海面又结成了与昨天一样的厚冰，闪亮耀眼。

五人分坐五架红雪橇，每架雪橇由两三条狗拉动。

那三个失踪者的亲属，还有不少其他人，都赶来为五架救人的红雪橇送行。

“加油啊，要努力寻找同伴！”他们关切地鼓励说。

“即使找到最北边，我们也要找回同伴!”五位男子汉高声答应道。

别过众人，五架红雪橇在冰面上飞速奔行。海天依旧阴霾重重，一片暗灰色。送行的人心中，充满一种无法说清的不安感。红雪橇越奔越远，变小、变小，最后成了五个模糊的小红点，消失在远方。

“希望他们一帆风顺，平安归来。”大家异口同声地祈祷着，然后各自散开，三三两两地回家了。

当天午后，海面上雪虐风饕，暴风雪降临。到晚间时，狂风一阵紧过一阵，海的远方传来令人恐惧的海啸声。

次日，暴风雪仍然未停。等到五架红雪橇出发后的第三天，天才变得晴空万里。

大家惦念着三位失踪者以及前去营救他们的五架红雪橇的命运，又不约而同地在海边聚拢。海面依然冻得像一面巨镜，在罕见的阳光映照下，闪闪发光。

“这场暴风雪太可怕了!”

“唉，那失踪的三个人，还有雪橇上的五个人，不知现在是什么状况？太令人担忧了。”大家交头接耳说。

“据说他们走前准备的干粮只够吃五天。”

“如此说来，剩下的干粮只能维持两天了。”

“能及时赶回吗？”

“那就说不准了。只能祈求神明保佑他们了。”

大家忧虑不安地盯着海面。

海面上，除了白茫茫的寒冰在闪光外，一望无际，别无他物。

到红色雪橇离开的第五天，大家都眺望着海面，心中期盼着：今天应该能回来了。

然而，一直等到夜幕降临，也不见红色雪橇归来。

第六天，大家再次聚集在海岸上，目不转睛地眺望着。彼此说道：“大概今天能回来了？”

“要是今天还没归来，那五架红雪橇一定是凶多吉少了。”

结果，大家又白等了一整天。

第七天、第八天，雪橇仍然没有归来。

“这可如何是好？要不要去找呢……”大家面面相觑，唉声叹气。

某人问道：“有自告奋勇去寻找的吗？”

众人互相对视了几眼，无一人有勇气报名。

“要不然，就抓阄决定吧！”一名男子提出建议。

“这可不好，我害怕……”

“我也怕，我也不想去！”

“……”

所有人都畏缩不前。最终，没有一个人再出发去救失踪的同伴。大家都找借口说：“人力是不可能战胜天灾的啊！”这么一说，从此大家都绝了救援的念头。

时光飞逝，转眼数年过去。

某天，几个渔民驾数艘小船出海。北海上的海水，仿佛被蓝靛染过般，冰冷幽美。

海岸边惊涛拍岩，溅起无数美丽的银色浪珠。

渔民们边唱歌，边摇橹，向海中撒下渔网。突然间，仿佛乌云蔽日，天空变得昏暗阴沉。

渔民们心中讶异，正打算抬头望天时，忽见三个黑色的人影，模模糊糊地浮现在蔚蓝的海面上。令人生怖的是，三个人影竟然全都无脚。

应该长着脚的部位下，是波涛起伏的碧海。三个人影就像三个黑色的僧人，朦朦胧胧地浮在半空。

渔民们见状，吓得毛骨悚然，人人心中都在嘀咕：“难道是那三个失踪者的魂魄回来了？”

他们一致决定：“既然今天遇到了不吉的东西，趁大祸尚未临头，赶快回去。”于是渔民们摇橹掉头，快速地将船摇向岸边。

然而，令人震惊的事发生了。虽然每条船本身都没任何问题，但摇出不多远，却全部无声无息地沉入了大海，就像是自然而然地被大海吞噬了一般。

接下来的事，发生在某个寒冷的冬日。一望无际的海面依旧冻得像一面巨镜，路上见不到一个人影。

虽然天寒地冻，但天气晴朗，红彤彤的太阳正向地平线降去。

这时，从遥远的地平线上，忽然出现了五架红色的雪橇，排列成一字，保持着相同的间距，整齐、笔直地飞速奔向远方。

见到这番奇景的人们，个个惊呼道："啊，那五架红雪橇，不就是前去营救失踪同伴的那五个人所乘坐的吗？"

"这是什么预兆吗？希望咱们国家，别再发生啥祸事了。"

"那时谁都没去救他们五人啊！"

"而且在那以后，也没有任何人去拜祭他们！"

大家都开始后悔当初畏畏缩缩，对不起同伴。

此后，凡来到该国的人，都会听当地人讲起这个离奇而又真实的黑色人影和红色雪橇的故事。

远方传来的雷声

次郎站在田边，快活地见到自己播撒的各类蔬菜的种子在雨后油黑肥沃的土壤里发芽了。嫩嫩的，可爱极了。

刚刚破土而出的，是黄瓜的嫩芽，幼嫩得像小蝴蝶张开的双翅。其他蔬菜的幼芽，如南瓜、玉米等，也都钻出了地面。

随着时间的流逝，黄瓜秧一天高一截，那藤蔓好似细细的长线。妈妈在黄瓜田里搭起个棚架，这棚架看起来挺像篱笆，黄瓜的藤蔓就缠着棚架向上攀爬。

蔬菜们你追我赶，都快速成长起来。黄瓜的藤蔓攀在棚架上，长出了厚密碧绿、带着尖尖白绒毛的叶子。接着，开出一朵朵黄色的小花。花落后，便结出了鲜绿细长的黄瓜。

每到夏天，次郎就在田边注视着黄瓜慢慢长大。当小黄瓜刚刚结出的那一刻，他的心里别提多开心了。

“啊，越来越大啦。”透过黄瓜叶子的缝隙，次郎眼见鲜绿的黄瓜一天天成长，喜悦之情溢于言表。

藤上的小黄瓜数过去也不少了。其中最早结出的那根最大最好看。

“妈妈，黄瓜又长大啦。”次郎每天一回到家，都会这么说一遍。

“是啊，瞧这黄瓜，长势真喜人。”妈妈说。

次郎认为那根最大的黄瓜，已经十分成熟了，每天他都要摸一摸，心想：现在可以摘下来了吗?

终于，妈妈在某天对次郎说：“次郎，给你剪刀，把那根最大的黄瓜摘下来。注意点，别剪到藤。”

次郎欢呼雀跃，手握剪刀，飞快地跑到黄瓜田。那根最大的黄瓜，正悬在藤上。

一瞬间，他的脑海里浮现出关于黄瓜的种种记忆：幼芽初发、攀缠棚架、开出黄花……一幕幕好像就发生在昨天。他忽然觉得要从藤上剪下这根黄瓜，怪舍不得的。

最后他还是下了决心，剪下黄瓜，捧在手中，放到鼻子前深深闻了闻那股清香。而后睁大双眼，认真打量着这充满生气、鲜绿脆嫩的黄瓜。

“妈妈，黄瓜该怎么吃呢？”次郎问道。

“呵，真是既新鲜又好看啊！不过这根黄瓜不是用来吃的，你经常去河边钓鱼、下水游泳，所以应该把黄瓜送给水神。”妈妈答道。

妈妈的这番话，让次郎原先的惋惜之情中又增添了一丝伤感。

“难道水神还会吃黄瓜？”

“这样做，是为了让水神了解你的心意。把黄瓜放进水里，它就会漂向远方的大海……”妈妈的语调有点淡淡的感伤。

次郎提笔，打算在黄瓜上留下自己的名字。可是黄瓜的青皮十分光滑，一沾上笔尖的墨汁，登时就洇开了。尽管如此，次郎仍然一遍又一遍地认真写着。

“妈妈，瞧，这样写可以吗？”次郎将黄瓜递到妈妈眼前。

“嗯，不错，挺好的。你去把它投入河中吧。”妈妈说。

于是次郎手捧黄瓜，朝桥头走去。平时他常和朋友们在那儿玩耍。

由于刚下过大雨的缘故，河水暴涨，急速地向前流动，几乎就要漫到岸上了。

河两岸草木繁茂，植被丰富。

次郎松开手，黄瓜“扑通”一声，由桥上掉入水中。他靠在桥栏边，眼望着黄瓜浮浮沉沉地，顺水朝下游漂去。

次郎回家后，脑中还是不停地浮现出那根黄瓜，心中惆怅不已。

“它会漂去哪里呢？”

次郎茫然地想象着黄瓜漂流的终点。时已黄昏，红云满天、晚霞似锦，从远方隐隐传来了雷声。

直到临睡前，次郎心中仍想着黄瓜的去向。不过头一沾枕，他很快就睡熟了。

此刻，黄瓜正在水中浮沉漂流，整个晚上，它流过森林、平原、几个小村子，黎明时，已经离出发地很远了。但它仍然继续顺着河流旅行。

这天午后，在一座低矮的小桥上，一个穿着破衣烂衫的小乞儿，正孤单悲凄地默默注视着桥下流水。浮云、水草倒映在水中，波光粼粼。

忽然，小乞儿看见一根鲜绿的黄瓜正漂过来。他赶忙手持木棍，将黄瓜从水中拨到岸边，捡了起来。

虽然黄瓜上次郎写的名字已经被水冲刷掉了，但小乞儿依然知道这根黄瓜是从遥远的异乡顺着河流漂来的。因为本地气候寒冷，黄瓜秧还没长大呢。

小乞儿手捧黄瓜，十分开心。对，应该马上让妈妈和妹妹也瞧瞧。他这样想着，朝另一个方向飞奔起来。跑着跑着，他听见山那边传来了阵阵雷声。他猛然收住脚，站在路边，侧耳倾听。夏天，也来到北方了

灯笼的故事

这个故事，发生在气候寒冷的北国。

在东山安家的狐狸，打算将女儿嫁去西山。

一个满天星斗的寒夜，送亲的队伍排成一长列，在遍地积雪的原野上走着。星星一闪一闪地，就像沉甸甸的果实，挂在天空中。

送亲的队伍里，有几盏明亮的大红灯笼，在暗夜里发出醒目的光，十分好看。

无论是森林里的猫头鹰，还是山脚草丛中的野兔，大家都对漂亮的大红灯笼赞不绝口。

山猫望着狐狸送亲的长队，又听到大家的赞叹，羡慕地想："我女儿出嫁时，也要用这明亮的大红灯笼来风光一回。"

为此，她特地到狐狸家拜访，说道："我女儿过段时间也要出嫁了，如果您答应将那几盏大红灯笼借给我，那就真是锦上添花啦。"

狐狸二话不说，立即答应了："是吗？那真要恭喜您了。这些大红灯笼我们现在也是闲置着，您能拿去用，我也感到高兴。"

于是狐狸就将几盏大红灯笼都借给了山猫。

转眼到了山猫嫁女的大喜日子。

"今天，轮到山猫女儿的送亲队伍经过这里啦。"

猫头鹰、野兔等朋友，一大早就跑到路边等候着。

这天晚上毫无雾气，能见度很好，圆月高悬在天。

山猫最喜欢月亮了，所以特意选了这么个月夜。

两只山猫走在送亲队伍的最前头，"咚咚咚"地将肚皮当成鼓拍打着。

虽然看上去挺热闹，可是那几盏大红灯笼却暗淡无光，一点也不漂亮。

"瞧，那些灯笼，哈哈。"

野兔和猫头鹰都嬉笑起来。

第二天，满脸不悦的山猫，气鼓鼓地将大红灯笼还给狐狸。狐狸见她那副模样，明白了几分，笑着说："你呀，怎么能在有月亮的夜晚点灯笼呢？大红灯笼只有在黑夜里，才会变得明亮好看啊！"

蜘蛛与柿树叶

这是一个发生在晚秋的故事。这时蚊子都已不见踪影，各种小飞虫也陆续开始消失。

在某座旧屋的屋檐下，一只小蜘蛛正待在一张残破的蜘蛛网上。对于在风中摇荡的破网，它全然不予理会，也不去修补的破洞，只是呆呆地望着远方。

耀眼的阳光照着墙角、树枝，远处有一棵枝头挂着几个黄澄澄柿子的柿树。在树的某个树杈上，有一片红色树叶，十分美丽，叶上停着一只红蜻蜓。红蜻蜓的颜色相比红树叶，略有不同，但都一样美丽。

“如果那只红蜻蜓一直撞不上我这张网，该如何是好呢？”小蜘蛛紧盯着红蜻蜓，心想。

红蜻蜓就那样静静地停在那儿，基本不动。偶尔也会像受惊般飞起，但又迅速地落回原处。

小蜘蛛的目光也没有离开过红蜻蜓。“嗯，看上去她对那片树叶很喜爱，那么我就搬到那边去吧。只要在那片树叶周围织网，红蜻蜓铁定会撞上去。”

小蜘蛛如此思考了一会儿，下决心放弃之前织的网，搬到柿树上去。它从屋檐上爬下，再爬过地面，费了一番周折，才爬到柿树下。仰头一望，只见碧空如洗，白云飘飘。

刚才的那片树叶在哪里呢？小蜘蛛找啊找，从一根树枝爬到另一根树枝。原来当它爬上柿树后才注意到，每一片树叶都那么美，红蜻蜓也多得很。不少树叶上都停着外形差不多的红蜻蜓。

小蜘蛛最后选了一片看上去最美，阳光直射其上的柿树叶，停下脚步。

“这儿的阳光暖洋洋的，请允许我在此歇息一阵吧。”小蜘蛛恳求柿树叶。

微风轻拂，面色红润的柿树叶笑问小蜘蛛道：“你从哪儿来？”

“我从那边的屋檐下来，阳光几乎照不到那里。我想这边可能有更可口的食物，所以就搬来了。”小蜘蛛答道。

柿树叶笑得沙沙作响：“哈哈，你是打算来这儿捕捉红蜻蜓吧？不过红蜻蜓都机灵得很，捉起来很难哦。”

小蜘蛛不再说话，快速地吐出细丝，在柿树上一圈圈地缠绕着。红蜻蜓却毫不知晓，振翅飞来，打算落到柿树叶上歇脚。

小蜘蛛望见红蜻蜓飞来，立刻藏到叶后。蜘蛛网已经快织成了，等红蜻蜓下次飞来时，可能就会撞到网上被捉住。

“红蜻蜓，虽然你很谨慎，但要多提防脚下啊！”柿树叶轻声提醒道。然而一阵风猛地刮来，将柿树叶吹起，轻轻地飘过森林，飞向远方。

突如其来的变故，令红蜻蜓吃了一惊，赶忙张翅飞走了。

小蜘蛛身在被风吹走的柿树叶上，它惊慌不已，不知自己会被吹到何处，又没有翅膀可以逃，只好拼命抓住柿树叶。

“会被吹去哪儿呢？”小蜘蛛正在担忧，柿树叶已滑过一棵杉树树梢，无声地落入一个大水塘中。在落水的一瞬间，小蜘蛛如果没有敏捷地爬到树叶表面，很可能就掉下水淹死了。

“蜘蛛呀，这里可是水塘的正中。如今已是晚秋，我本就该枯落。离开大树对我没什么大不了的，但这件事对你而言，却出乎意料。不过你别担心，总会有法子得救的。现在，你抓紧我。”宽阔、厚实的柿树叶柔声安慰着小蜘蛛。

小蜘蛛就这样趴在叶面上，不知如何是好。它恐惧得浑身颤抖，开始想念那张结在屋檐下的旧网。

这时，水中传来阵阵恐怖的游水声。啊，这个大水塘中，竟住着相当多的黑鲤、红鲤，纷纷向水塘正中游来。水面上波纹荡漾，红色的柿树叶受到震荡，险些翻沉入水底。

“小蜘蛛，快，抓紧我，躲好。”柿树叶大喊道。

鲤鱼本以为漂到水中的是可口的食物，当看清不过是一片不能下咽的树叶后，便失望地迅速离开了。

小蜘蛛被吓得心惊胆战，对引发此事的风儿大为不满。要不是风儿胡乱吹，自己现在还和柿树叶一道儿，平平安安地待在柿子树上，哪来这么些惊险事呢！

“风真是个坏家伙。”小蜘蛛向柿树叶发起了牢骚。

生性豁达、胸怀坦荡的柿树叶却说：“不要埋怨，不要悲观，咱们要离开这儿，还得借助风的力量呢。说不定等会儿在它的帮助下，你就脱险了……”

果然如柿树叶所说，过了一阵，风就把浮在大水塘中的柿树叶吹向岸边。小蜘蛛向柿树叶道谢并告辞后，爬上了岸。

一路爬去，小蜘蛛望见前方有座崭新的华屋。它想，把网结在树上，其实风险很大，索性把家搬到那座屋子的屋檐下吧。于是，小蜘蛛用和它身体不相称的极大毅力，又织了一张蜘蛛网。

傍晚时，小蜘蛛心满意足地躺在蛛网正中间，欣赏着自己的杰作，然后将目光投向屋里。

客厅里摆着一架高档钢琴；大花瓶和精致的水果盘，放在干净的桌子上，花瓶中的花娇艳盛开；果盘中的点心与水果，美味飘香。

蜘蛛感慨不已：这里和我以前所住的旧屋相比，差别真是太大了。在那旧屋里，母亲忙忙碌碌，辛苦操劳；家中较大的孩子放学回家后，要一边照料年幼的弟妹，一边读书写作业，一句埋怨的话也没有，十分懂事。再看现在这栋屋子里，全无半点贫苦样。姐姐弹着钢琴，弟弟们分坐在各自的书桌前看书学习。一到歇息时，大家就都聚到桌旁，享用茶点、水果，喝着咖啡，惬意地闲聊着。

“啊，那旧屋里的穷孩子，从来没吃过这么香喷喷的点心。他们吃的，只是一点白薯。”小蜘蛛想着两个家庭截然相反的生活，对穷苦的孩子们满怀同情。

夜幕降临了。皎洁的明月自森林后升起，崭新大屋中的孩子们，来到走廊上赏月，赞美说：“呀，多美的月色啊！”

这时，他们看到了蜘蛛网。哥哥急忙对弟弟说："小正，快，去拿根棍子把蜘蛛打下来。"

小蜘蛛听了，吓得不轻，赶紧蜷缩身子自我保护。此刻，它想起了在旧屋的屋檐下结网时，发生的事。

那时，穷孩子也发现了蜘蛛网，对妈妈说："妈妈，您瞧，这张蜘蛛网织得真有水平。"

妈妈答道："是啊，无论人类的双手多么灵巧，都织不出这么美丽的网。所以你们要认真观察昆虫，向它们学习，从中可以学到不少有价值的东西。"

小蜘蛛正感慨两家人的态度是那样不同时，忽然一声鞭子响，蜘蛛网被无情地打烂了。小蜘蛛紧跟着掉落到地上。

幸亏鞭子只是扯烂了蛛网，没有打到小蜘蛛身上。它飞快地从石缝中爬过，消失在苍茫夜色中。

这天，只不过是晚秋中最普通的一天，可是在小蜘蛛身上却发生了那么多不为人知的故事。

电线杆与奇怪的男子

在一个小镇上，住着一个奇怪的男子。白昼时，他绝不出家门半步，哪怕是友人盛情相邀，他也以身体有恙或琐事缠身为由，闭门在家，坚决不外出。但是，每当夜深人静时，他就会孤身一人上街游逛。

深夜一点到三点左右，是他最喜欢的时刻。漫步在寂静安宁的街道上，真是惬意啊。某天晚上，奇怪的男子又像平常那样，在安静的街上散步，忽见一个几乎顶天入云的彪形大汉，迎面慢慢走来。男子仰头一看，大汉真高啊，估计能有二三丈呢。

“你是谁？”奇怪的男子问。

“我是电线杆。”高个大汉弯腰俯视，小声答道。

“哦，原来是电线杆。这么晚了为什么在街上游荡呢？”奇怪的男子又问。

电线杆回答说，因为白昼时大街上人来人往，自己这么高的个头，没办法自由行走，所以只能晚上出来散步。

“可是，小个子先生，你为什么也在晚上出来游逛呢？”电线杆反问道。

奇怪的男人回答说，因为自己十分讨厌世俗中人，不愿意见到他们的面孔，所以也只能在晚上出来。

电线杆笑了，说：“小个子你还挺有趣，咱们做朋友吧！”奇怪的男子立刻就答应了，说道：“电线杆呀，虽然我对世俗的人极其厌恶，但挺欣赏你的，以后咱们就一起散步吧！”

于是他们一块儿向前走。

过了一阵子，奇怪的男子有点埋怨地说：“电线杆呀，你实在是太高了，我连同你讲话都不方便，你能想个什么法子，使自己矮一些么？”

电线杆挠头思考了一会儿，说：“行，咱们去水池或河边吧。我到水里去，你在岸边走，如此一来，身高就基本一致了。就这么办吧！”

“嗯，说得有理，这法子挺好。”奇怪的男子赞成说。可是他转念一想，又皱眉反对道：“还是不行，不能去河边。那里的路十分难走，杂草丛生，我走不了。你没有神经系统，反应迟钝，走起来也不觉得难，我可没办法。”

电线杆腰一弯，身子分为两节，俯身说：“那这么办吧，我还有个好主意。既然你个头矮，那就去屋顶上走，我在地上沿着屋檐走。”

奇怪的男子轻轻点头说：“嗯，这主意好，就请你将我抱上屋顶吧！”

电线杆轻而易举地将奇怪的男子抱起，放到铺满瓦片的屋顶上。奇怪的男子在高处见夜景优美，禁不住欢喜地赞叹起来。电线杆沿着屋檐，边走边和奇怪的男子聊天。这时，月亮从云层中探出头，借着亮光，奇怪的男子和电线杆都能看清彼此的样貌了。

奇怪的男子看到电线杆的脸，失声大叫道：“啊！为什么你面色发青，而且还有伤口？”

电线杆答道：“因为我的身体时常有恐怖的电流通过，一到此时，我就面色发青。而伤口就是电线穿过身体时留下的痕迹。”

奇怪的男子听了，非常担心，急忙退后，准备逃跑。“啊，危险！真危险！你可千万别碰到我！”但这时他身在屋顶，没办法下地。

“喂，小个子，马上就天亮啦！”电线杆说。

“什么？这么快就要天亮了？”奇怪的男子抬头望向东方，果然天边已出现些许鱼肚白。

“不妙！”奇怪的男子打算飞身扑向电线杆，却又急急站住，不停向后退，口中连呼：“啊，危险！危险！”电线杆见他那副模样，乐得直拍手，张开大口“哈哈”笑起来。

“小个子，我不能再留在这儿了。我得趁人们起身上街前回到原地。你打算怎么办？难道就这样独自留在屋顶上？”电线杆说。

奇怪的男子进退两难，急得哭了。时间分秒流逝，街道上开始有人活动。电线杆已无法及时赶回原地了，只好立在一个不合适的位置，脸上装出毫不知情的神色。奇怪的男子独自在屋顶上哀求着："喂，喂，电线杆，快抱我下地啊！"可是电线杆并不理会他，不声不响、纹丝不动地站着。

"太奇怪了，这根电线杆怎么会立在大街正中间呢？瞧，屋顶上那个男人，还在对着它哭求呢。"来来往往的行人们见到这一场面，都哄笑起来。

片刻后，警察闻讯赶来，将奇怪的男子当成盗贼送去警察局，但查来查去，无法查实他是盗贼，只能放了他。

从此以后，奇怪的男子晚上再也不外出了。无论昼夜，他都闭门在家。而那根电线杆，也由于世间的种种议论，也不再出来散步了。

白马

一

次郎家境贫寒，才七岁大，就不得不在街边卖花。

最近一直风和日丽，春天的脚步近了。在繁华闹市与萧索市郊，每天都能见到次郎的身影。他手提小花篮，口中嚷嚷着：“卖花啦，卖花啦，请买朵美丽的花儿吧！”一些好心的阿姨和女孩，见他还是个小不点儿，就东奔西跑地卖花，挺招人怜的，就时不时地叫住他，说：“卖花的老板，卖花的小老板，这朵花就卖给我吧。”

不过，天气晴朗的时候，人们都喜欢外出四处游玩，个个喜气洋洋，对于次郎的叫卖声基本是充耳不闻。次郎经常辛苦了一整天，卖出的花朵却寥寥可数。

次郎的妈妈十分贪婪，每次只要次郎赚到钱，回到家她就笑脸相迎；一旦次郎生意不好，她就会找借口喝骂次郎。

每回花儿卖不掉时，妈妈那副咬牙切齿的表情，是次郎最怕见到的。

这天，次郎早早起身，跑到街上叫卖，但几乎没什么人光顾。次郎无奈，只好转去另一个较偏远的地方。虽然那里不很热闹，但还是有人居住的。

“卖花啦，卖花啦……”次郎边走边小声叫卖着。

碧空如洗，太阳已经移到了南面，和煦灿烂的阳光照耀着大地。风轻云静，天清气朗。前方有一座桥，再往前是一片开阔的原野。

这时，一位老奶奶从对面慢慢走来。她的个头比常人矮了一大截，次郎还从未见过这样矮的老奶奶。

老奶奶过桥后，走近次郎。

二

老奶奶的头上包裹着一条头巾，那模样和俄国油画中的老奶奶十分相似。她手里还拄着一根拐杖。

老奶奶望了望次郎，问：“你多大了？”

“我今年七岁。”

“呀，真乖，才这么丁点大，就出来卖花了。这些花，全部卖给我吧。我现在要去扫墓，这些花儿正好可以献给我的老朋友们。他们如今都不在人世啦，全躺在墓地里啦。”老奶奶说完，掏钱买走了所有的花。随后，她一手拿花，一手拄着拐杖，步履蹒跚地向墓园走去。

次郎回家后，他的妈妈见花朵全卖光了，十分高兴。贪婪的妈妈吩咐次郎："明天的花，你也得统统卖掉！"

第二天，次郎又去卖花了。他来到那座遇见老奶奶的桥边，心想："希望老奶奶今天也会来，仍然买走我所有的花。"果然，老奶奶又来了。

"你多大了？"老奶奶问。昨天相遇的事，她已经全忘光了。

"我今年七岁。"

"呀，真乖，才这么丁点大，就出来卖花了。"老奶奶一边说，一边将所有的花都买了。她自言自语道："我现在要去扫墓啦。我的那些老相识啊，多得数不过来，所以坟墓也多，这么点花儿，不够用啊。"说完，老奶奶仍旧拄着拐杖，步履蹒跚地向墓园走去。

次郎回家后，将今天和老奶奶的事，都说给了妈妈听。

三

贪心的妈妈对次郎说："那个老奶奶明天要是再问你多大了，你就回答六岁。"

天蒙蒙亮，次郎又手提小花篮上街卖花了。他在闹市叫卖了一阵，等到时间差不多了，又来到前两天遇到老奶奶的桥头。果然，老奶奶刚刚好从桥对面走来。

老奶奶又问次郎说："你多大了？"

昨天、前天相遇的事，她已经全忘光了。

次郎虽然感到说谎很不好，但妈妈要求他必须说，只好回答道："我今年六岁。"

“呀，真棒，才这么丁点大，就出来卖花了。你的花儿，我出高价，全买了。”老奶奶说着，将很多钱塞到次郎手中。

“我现在要给老朋友们去扫墓啦。”老奶奶拄着拐杖，步履蹒跚地向墓园走去。

次郎带着这么多钱回到家。妈妈听完他说的事情经过，开怀大笑说：“那个老奶奶是老糊涂啦！如果明天她再问你的年龄，你就回答五岁。”

天刚亮，次郎又上街卖花了。他等到和以往差不多的时间，再次来到遇见老奶奶的桥头。这回，老奶奶骑在一匹白马上，从桥对面走来。

老奶奶见到次郎，下马问道：“你多大了？”

“我今年五岁。”次郎面红耳赤地答完，心脏怦怦直跳。

“五岁呀？实在是人间罕见的乖孩子啊！来，骑到这匹白马上，不要留恋这里，我带你去一个好地方！”

老奶奶帮次郎骑上白马，带着他，不知去了何方。

次郎的妈妈不见了儿子，心急如焚，到处寻找，却再也寻不回次郎。

听说，那座桥下平静的水面上，时常会现出次郎骑着白马的身影。

喝醉酒的星星

佐吉躺在床上，望着从天窗破漏的缝隙间隐现的点点星光。冬日的天幕如蓝玻璃般，星星就在这冰冷的夜空中闪烁着。

仰面躺着，他凝视着其中一颗星星，良久良久。渐渐地，这颗星星幻化成了一位慈祥的胖爷爷的面庞。胖爷爷头戴三角帽，圆脸亲切、和蔼，微笑地望着自己。佐吉觉得，这位胖爷爷挺眼熟的，似乎曾经在哪儿见过。

佐吉思索的同时，仍然目不转睛地仰望着星星。这时，他的眼前，浮现出一幕幕往事：

那是去年年末时的事了。佐吉孤身一人走在街上。这条街平时没什么人走动，显得冷冷清清。此刻由于已是年末，所以来往的人比较多，但都行色匆匆。街道旁的商店希望趁机多销售些商品，因此每间店面都装饰得赏心悦目，处处洋溢着热闹喜庆的气息。

佐吉一边走，一边欣赏着那些商店。不知不觉中，走到一座教堂前。当天是圣诞节，教堂里欢声笑语。佐吉曾听人说，这里平常是不能随意进出的，所以他小心翼翼地接近门口，探头向里张望。教堂中有不少大人、孩子，伴随着美妙的音乐，唱着欢乐的歌曲。教堂正中间有一棵高大的常青树，树上系满金纸、银纸，还有许多红色、紫色的玩具。另外还挂着不少自己从未见过的水果。

常青树旁，站着一个手提大口袋的人偶老爷爷。老爷爷似乎来自大雪纷飞的地方，脚蹬棉靴，身上落满了用棉絮做的白雪。听大家说，这位老爷爷为了让这座小镇的孩子们开心过节，所以专程带着很多宝贝，从一望无际的灰色原野上赶来。那一刻，佐吉觉得人偶老爷爷慈祥的脸真是和善亲切极了。星星里的胖爷爷，长得就非常像人偶老爷爷。

又有一件事，发生在初春时。佐吉孤零零地在家门口玩耍。他家境十分贫寒，买不起别的孩子所拥有的笛子、喇叭、火车等玩具。

正当他失落地呆立在路边时，从远处传来一阵悦耳的鸟鸣声。佐吉心想，此时田间花朵盛开，兴许是山里的小鸟飞来寻觅鲜花？他扭头向叫声来处望去，原来是位老爷爷肩挑担子正朝自己走来，担子上面分别挂着多个鸟笼。佐吉三步并作两步，上前一瞧，鸟笼里的小鸟，自己几乎都叫不上名。悦耳的鸣叫声就是它们发出的。

这时，什么笛子、喇叭、火车等玩具，佐吉都不在乎了。他只想得到一只小鸟。于是，他紧跟在老爷爷身后。老爷爷见这个小男孩一直尾随自己，就停下来，笑眯眯地问：“小家伙，你真心想要小鸟？”

佐吉听了，十分兴奋，两眼放光，点了点头。老爷爷便将肩头的担子放下，接着从怀中掏出烟袋，拿出烟斗，“吧嗒吧嗒”地抽起烟。

“小家伙，你真心想要的话，爷爷就送你一只。”

老爷爷这句话登时令佐吉心跳加速、两耳发烧，仿佛置身梦境。老爷爷又亲切地说：“随你挑，看上哪只就送你哪只。”佐吉急忙说：“我要那只颈部粉红色的红腹灰雀。它看上去可爱极了。”

好心的老爷爷二话不说，从鸟笼中抓出红腹灰雀，塞到佐吉手中。佐吉开心得好像在云里雾里，高高兴兴地返回家中。他将雀儿安置在鸟笼里，精心饲养。红腹灰雀不久就适应了新的环境，每天都在挂于门柱上的鸟笼里欢唱。佐吉如珍似宝地呵护着它。

佐吉的妈妈是一个善良的人，却不幸病倒了。佐吉夜以继日地照料妈妈，但妈妈的身体依然一天比一天差，最终医治无效，去世了。佐吉十分悲伤。而且，由于在这段日子里他只顾照料妈妈，忘记给雀儿喂食，结果像宝贝般疼爱的红腹灰雀，也不知在何时死掉了。

妈妈和雀儿都不在了，佐吉只好与孤寂做伴。他的爸爸也是个善良憨厚的人，因为家里实在太穷，无法送佐吉去学校读书，也没有能力买佐吉喜欢的玩具。每天清晨爸爸就出外做工，天黑透了才回家。如果需要买什么东西，以前都是妈妈外出购买，如今妈妈离开了，这差事就由佐吉来干了。

只要爸爸喊一声：“喂，佐吉，去给我买酒。”佐吉就必须立刻跑到街边的商店买酒。夜深时，他一躺到床上，就会望见一缕星光从天窗射进来。凝视着那颗星星，星星就幻化成了一位慈祥和蔼的老爷爷的面庞。这张脸，像极了将红腹灰雀送给自己的那位老爷爷。

每晚，佐吉都盯着那颗星星，幻想着、幻想着。手脚上的冰冷浑然忘却，渐渐地进入了美妙的梦境中。

冬天的一个夜里，北风吹动枯叶，沙沙作响。

“佐吉，去买酒！”爸爸喊道。佐吉拎着空酒瓶走出家门。地面上的雪被冻得十分坚硬，天空清冷，星光一闪一闪的。佐吉走在冰天雪地里，浑身打着哆嗦。他到街边店里买了酒，立即向家里跑去。

原野空阔，一片寂静，不见一个人影。荫翳的常青树林，在苍茫夜色中呈现。寒风自空中呼啸而来，佐吉双耳被刮得好似要冻裂一般。

冷不丁地，前方似乎有人拦住去路。佐吉一惊，抬头看去，面前站着一位满脸笑容的老爷爷。佐吉觉得这位老爷爷似曾相识，便紧盯着他的脸细看。

“啊，天真冷！把你的酒，分些给我喝吧！”老爷爷说。

佐吉赶忙将酒瓶藏到身后，回答说：“不行，这酒是给爸爸的，他正在家里等着呢。所以不能给您喝。”

“偶尔也要请你爸爸忍耐忍耐。今晚实在太冷了，我顶不住了。要知道，我每天夜里都守护着你，直到你进入梦乡。今晚因为冷过头了，只好跑下来了。”

老爷爷说的这番话，让佐吉明白了他就是每晚自己躺在床上时见到的星星爷爷。而且，老爷爷头上戴的，正是一顶三角帽。

该咋办呢？佐吉茫然了。老爷爷也不管他怎么想，一把夺过他手中的酒瓶，张嘴对着瓶口，“咕嘟咕嘟”地畅快大喝起来。不一会儿，整瓶酒都喝光了。

“啊，这回心头暖乎乎的，风再冷我也不怕啦。”身形矮小的老爷爷嘴里嘀咕着，东倒西歪地踏在雪地上，走了回去。

佐吉十分担心被爸爸责骂，一路心情忐忑地回到家中。他将酒被老爷爷喝掉的事，告诉给爸爸。爸爸果然骂道：“傻瓜，那说不定是狐狸变了身来骗你。要不然，就是你把酒给洒了，编谎话骗我。”

见爸爸不相信自己，佐吉感到很委屈。过了一阵子，他倒在床上准备歇息。当他照常从天窗破漏的缝隙间仰望星辰时，惊讶地看到，那位头戴三角帽的老爷爷，正跌跌撞撞地向空中攀爬，步履踉跄。

屋外可能正在落霜，天空泛着白光。深蓝色镜子般的天空仿佛被星光彻底洗过一遍，光洁得似乎连地面黑黝黝的树影都能映出。

老爷爷的姿态就像个不倒翁，手抓一根肉眼瞧不见的绳索，向天上爬去。由于醉酒的缘故，每一步都东倒西歪。突然，他头一倾，三角帽脱落下来，就像小火星般闪着光，从空中飘下。佐吉着急了，本打算立刻起床，但念头一转，还是等明天天亮了，再去细看吧。于是便睡下了。

次日天明后，佐吉和爸爸一道前往昨夜遇见老爷爷的原野。只见在老爷爷的三角帽掉落的地方，有一颗银光闪烁的三角形小石，落在雪白的地面上。

“嗯，这颗石头可是件稀罕的宝贝哩。”爸爸说。父子俩捡起石头，返回家中。听说过了一段时间，有人上门花大价钱买走了这颗小石头。

原本清贫的父子俩，从此开始了幸福的生活。

月夜与眼镜

小镇、田野，处处都被葱绿的树木所环抱着。

夜，宁静恬谧，月光如水。有位老奶奶，就住在静静的小镇尽头。此刻，她正孤身一人坐在窗下缝补衣裳。

油灯的光亮柔和地照着屋子，年迈的老奶奶由于老眼昏花，一直无法将线穿过针眼。她眯着眼睛，在灯光下一遍又一遍地找着针眼，同时用布满皱纹的手指，轻捻着细线。

月笼轻纱，朦胧的月光将这个世界映成了蓝白色。树木、房屋、山丘，所有的一切，都似乎浸润在澄净的温水中。老奶奶一面忙着手头的活计，一面回忆着自己少女时代的生活，以及远方的亲人、在外地独居的孙女。

四周一片静谧，唯有闹钟在橱柜上“滴答、滴答”地发出声响。偶尔，从小镇的街道上，会传来阵阵小贩的叫卖声，隐约还有火车疾驰而过的轰隆声。

老奶奶精神有些恍惚，呆呆地坐在那儿，仿佛在梦境中一般。或许，她连自己身在何处，在做什么，都不清楚了。

就在此时，“咚咚”的敲门声响起。老奶奶因为耳背，感觉这敲门声似乎也在远方。她认真听着，心想，都这么晚了，应该不会有客人到访的。可能是风声吧？风散漫地吹过原野与小镇的声音，就是这样的。

但窗户下紧跟着又响起轻微的脚步声。

“老奶奶，老奶奶！”有个声音在喊她。

老奶奶起先还有点犹疑，怕自己耳朵有问题，于是停下手中的针线活，仔细倾听。

“老奶奶，请您打开窗户。”那个声音又在喊着。

究竟是谁呢？老奶奶边想边站起身，打开了窗户。窗外，银白色的月光将四周照得如同白昼。

窗户下，一个个头不高的男子，正抬头向上仰望。他戴着黑框眼镜，留着一抹小胡子。

“你是谁？我从来没见过你啊。”

老奶奶眼瞅着面前这个陌生的男子，怀疑他是不是敲错了门。

“呵呵，其实我是个眼镜商，我这里有各种款式的眼镜。今天我是头一次到这个小镇，这儿真是美得令人心旷神怡。趁着今晚的月色，我正沿街推销呢。应该会有人需要眼镜的。”男子说。

老奶奶正为自己老眼昏花，难以将线穿过针眼而发愁，于是问道：“那你有没有能让我看清楚东西的眼镜？”

眼镜商立刻打开手提箱，挑选了一会儿，选中一副玳瑁镜框的大眼镜，递给窗户中的老奶奶："您戴上瞧瞧，包您将一切都看得清清楚楚！"

窗户下男子站立的地方，开满了白色、红色、蓝色的花，在月光映照下锦簇娇艳，幽香扑鼻。

老奶奶试着把眼镜戴上，登时，闹钟上的时间数字，还有年历上的每一个字，都清晰可见。老奶奶刹那间感觉时光好像倒流了数十年，自己又回到了少女时代，那时候自己的眼力就像此刻这么好，一切都看得清清楚楚。

"太好了，这副眼镜我买了！"老奶奶欢欢喜喜地付了钱。

戴着黑框眼镜、留小胡子的男子接过钱就离开了。他的背影慢慢消失，但窗外的花草和方才一样，依然在月夜中散发着幽香。

老奶奶关闭窗户，坐回原先的位置。现在她穿针引线可轻松多了。她一会儿将眼镜戴上，一会儿又摘下来，像个孩童得到一件稀罕的玩具，新奇地在手中摆弄一样。而且，由于之前从未戴过眼镜，忽然戴上了，所以对周围的事物还有点不习惯呢。

夜已深，老奶奶摘下眼镜，放到橱柜的闹钟旁，收拾好针头线脑，准备歇息。

这时，门外再度响起"咚咚"的敲门声。

老奶奶侧耳聆听，心想："今晚真怪呀，又有谁来了呢？已经这么晚了……"

她望了望闹钟，虽然窗外在月光映照下显得明亮，但实际上已是深更半夜了。

老奶奶又一次站起身，走到门边上，门似乎是被一只小手敲着，“咚咚”声纤细而悦耳。

“唉，这大半夜的还……”老奶奶嘀咕着，打开了屋门。呀，门口站着的，是一个十二三岁的漂亮女孩，眼眶中满是泪水在打转。

“孩子，你从哪儿来？为什么深更半夜的，在屋外敲门呢？”纳闷的老奶奶问道。

“我是镇里香水制造厂的女工，负责把从白玫瑰中提炼出的香水装入香水瓶里。每天都要工作到很晚。今晚放工后，我见月色柔美，就一个人慢慢在路上走，欣赏天上的明月。哪知道一不留神，被石头绊了，脚趾磕破了，痛极了，又止不住血。这么晚了，居民们都睡了，只有您家还亮着灯，我知道屋里住着一位慈祥可亲的老奶奶，所以就来敲门，请您帮帮我。”

这个女孩长发飘飘，面容清秀，身上应该是喷了香水，说话时阵阵香气袭人。

“如此说来，你认识我？”老奶奶问。

“是的，我经常路过您家，多次见到您坐在窗下补衣裳。”小女孩答道。

“嗯，是个好孩子咧。来，把受伤的脚趾给奶奶瞧瞧，我帮你涂药。”

老奶奶一边说，一边领着女孩来到油灯边上。

女孩伸出纤细可人的小脚，老奶奶见到鲜红的血顺着雪白的脚趾往下淌。

“真是可怜，这一定是撞到尖石上给划破的。”老奶奶叹了口气，说。可是，她因为眼花的缘故，瞧不清是哪个脚趾流的血。

“我的眼镜呢？刚才还放在这儿的。”老奶奶伸手在橱柜上摸索。眼镜就放在闹钟旁，她很快便找到了，赶忙戴上，认真地为女孩检查伤口。

然而，当老奶奶戴上眼镜，再看这位经常由自己家门口经过的美丽女孩时，登时吓了一大跳。面前的并不是人类女孩，而是一只蹁跹飞舞的蝴蝶！

霎时间，老奶奶想起一个传说，蝴蝶在宁静的月夜，会化为人形，去夜深未眠的人家中拜访。这正是一只脚受伤的蝴蝶呵！

“好孩子，随我来。”老奶奶慈爱地说着，起身在前领路，出门向花园走去。女孩一言不发，紧跟着老奶奶。

花园中姹紫嫣红，百花盛开。白天聚集在花丛中嬉戏的蝴蝶、蜜蜂，此刻或许都已在绿叶下香甜入梦了。周围寂静极了，只有银白色的月光，如水般流溢在花园中。篱笆旁，一簇白玫瑰绽放着雪白的花朵，开得正茂。

“咦，那女孩呢？”老奶奶突然站住脚，扭头回顾。

一直跟在身后的小女孩，不知何时，已悄无声息地不见了踪影。

“大家都睡下了，我也该去歇息啦。”老奶奶说完，转身入屋。

这个月夜，真是既奇妙又美好啊！

一粒种子

这天清晨天气冷冽，一粒小小的种子，掉到了草席上。

春子见到了，高兴地捡拾起来。

“这是什么？”弟弟次郎好奇地问。

“是好东西呢！”

“好东西？什么呀？让我瞧瞧。”

春子故意不给弟弟看，等弟弟恳求了好一会儿，才慢吞吞地将手掌打开。

“原来是牵牛花的种子啊。”

“嗯，就是这个好东西。我要好好保存它。”

次郎有些失望，突然抓起那粒种子，嚷道：“我要烧了它。”

客厅的正中间摆着一个火盆，种子望见盆中烧得正旺的红彤彤的火焰，十分害怕，颤抖着哀求说：“请您不要烧，不要啊！”

虽然它使出全身的气力大喊，但由于个头太小了，所以声音非常细微，次郎完全听不见。

怎么办?

这时春子说：“不能烧！这么弱小的种子，一扔进可怕的烈火中，就彻底毁了。”

种子听到春子帮自己说话，也急忙附和说：“是啊，我虽然是个小不点，但也有生命啊。有一根白色的嫩芽，即将从我的身体里长出。嫩芽又可以长出叶子、花蕾，花蕾会慢慢开成紫色的花。花里呢，又有香甜的花蜜，蜜蜂和蝴蝶都会被吸引，飞来采蜜。它们轻拍双翅的声音，就像是一首动听的乐曲。动听的曲声从这朵花传到那朵花，既轻柔又强烈。要是它们的双翅受伤或者被毁，它们就会在空中不知所措，最后直摔下来。所以，翅膀对蜜蜂和蝴蝶而言，是最宝贵的。而种子对花而言，也是最宝贵的。”

次郎将小小的种子放在掌心，仿佛听见了种子对自己说的话。

“好吧，姐姐，就不烧这粒种子了。咱们把它收进口袋，保存到明年再种到庭院里。”

“对，这样一来，它一定会开出很多美丽的牵牛花。”

黑色的小种子听了，开心极了，大声说道：“太谢谢了，我一定会开出最美的花朵，一定！”

水仙花和太阳

这天冷得出奇，连太阳都受不了了。它一面打着冷战，一面寻思着："今天实在太冷了，我还是提早去歇息吧。只要我歇息了，大家就都跟着入睡了。"于是，太阳在凛冽寒风中散尽红光，沉入地平线下。

太阳去休息了，森林中啼鸣的鸟儿们，也都停止了歌唱。四周过不多久就一片静谧。太阳由于白天时很累很累，所以睡得特别香甜，这一觉睡了很久才醒。它一醒来，就立即从东方地平线上露出了脸。

啊，地面看上去更冷了。树木、马路、大桥，每一个地方都仿佛穿上了白色的大衣。

"如此看来，昨天夜里肯定冷极了。以往在这时候，早已人声喧嚣、街道扰攘，但今天似乎大家都赖在热烘烘的被窝里睡懒觉呢。"太阳带着笑意想。

白昼的天空万里无云，空气澄净，如玻璃般透明。太阳高悬空中，在能见度极好的情况下，对大地上的一切看得清清楚楚。

“那边像星星一样发光的，是什么呢？是电灯？其实到了晚上，没必要用那种东西啊，有什么用呢？入夜后，就该静静安眠才对……”太阳遥望城市马路边发亮的路灯，自言自语说。

太阳哪里知道由于它的偷懒，昨晚的地面发生了不好的事呢！它睁眼是白天、闭眼是黑夜，自然对夜里的事不清楚了。

高高的杉树顶上，飞来一群麻雀，向太阳问好道：“太阳，早安。”

和气的太阳笑着答道：“大家早。昨天夜里冷极了，没意外的事发生吧？”

麻雀们在枝头蹦来蹦去，抢着回答说：“没事，没事。天那么冷，我们很早就睡下了。”

“嗯，那就好。现在我又在工作啦，给大地温暖，让大家继续开心地玩。”太阳和善地笑着，将阳光照向树枝和屋顶，融化上面的霜。

麻雀们从枝头飞向屋顶，接着分散飞落地面，开始寻找食物。

“肚子真饿。”一只麻雀叫嚷着。

“咱们上那边瞧瞧去。那儿有人养了只鸟，说不定会留下点食物。”另一只麻雀说完，拍起翅膀飞去。其他麻雀也纷纷跟着它。

就在同一时刻，一个娇柔的声音，轻轻呼唤着太阳。

“是谁？”太阳奇怪地问，并快速地扫视着地面，查看声音来自何处。在一扇敞开的窗户前，它见到一朵玉洁冰清的水仙花，正努力抬起头，似乎要向自己诉说什么。

太阳望见水仙花，立即移动到花旁，友善地聆听着。

“太阳，那群麻雀在胡说呢。它们可不了解我的痛苦遭遇。”水仙花生气地说。

“啊，到底发生了什么事？请说给我听。”太阳急了。

于是，水仙花将昨天夜里发生的事述说了一遍。

那时，水仙花和福寿草、梅花以及温室里的其他花草一起，在耀眼的灯光下愉快地交谈着。忽然，花草们的主人走进来，将它们全部搬到人来人往的大街上。

“外面这么冷，主人为什么要把我们搬出来呀？”一株从诞生起就在温室中的紫罗兰，好奇地问水仙花。

“因为他打算卖掉我们。”水仙花对单纯的紫罗兰说。

紫罗兰听了，并不害怕，点头说：“那问题不大，人类向来喜爱我们，就算被卖给别人，也依然会得到善待的。”

其他紫罗兰也纷纷表示同意，看样子它们对自己的命运毫不担心。

花店旁边，是一家夜间仍在营业的鸟店。本来到了晚上，就该让鸟儿们休息了。可是鸟店的主人——一个心肠刚硬、脸上满是皱纹的老头，为了多赚钱，一直将鸟笼摆在街道边，还在一旁亮着灯，一心盼着有顾客买走小鸟。

要是路过的行人正好在鸟笼前停下，卖鸟的老头就立即满脸堆笑，一边嘴里说着“您来瞧瞧，各种鸟儿都有，价格最公道”的话，向顾客推销；一边察看着顾客的脸色，同时用手中的小棍反复拨弄疲惫不堪的鸟儿，以展示它身上美丽的羽毛。

鸟店里有个小伙计，见了于心不忍，上前劝说老头：“这只鸟现在困极了，请别折腾它了。鸟类到了夜里，基本都难以看清事物了。”

老头笑道：“年轻人，你知道得不少啊。”

“嗯，我出生在农村，在野外捕捉过很多鸟儿喂养，因此鸟类的事懂得一点。”

“可是做不成生意，实在令人苦恼。不过你说得也没错，这只小鸟的确够可怜的。”老头眼睛眯成一条线，说。

鸟店旁的水仙花和紫罗兰们，正想继续听老头和小伙计的谈话，有个男人来到花摊前，买走了水仙花。水仙花在暗夜的路途中被冻得浑身打战，心中深深畏惧，不知男人会带给自己怎样的命运。

那个男人回到家，见花盆很脏，如果放进屋会把地板弄脏，于是将水仙花摆到窗台上。可怜的水仙花在严寒中度过了漫长的一晚，险些被冻死。

所以太阳露面后，水仙花听见麻雀向太阳说什么一夜太平，登时气不打一处来，所以努力仰起被冻得青白的脸，朝太阳说道：“太阳啊，所有鸟类中，并非每一只都像麻雀那样运气好，也有遭遇悲凉的小鸟。而在所有花朵中，也有不少和我一样不幸。这就是人间的真相，希望你能明白。”

太阳听完水仙花柔弱的哭诉，深感内疚，决定从今往后，要加倍细心，将阳光努力照射到每一个角落，即使再偏僻的地方也不能忽略。它说到做到，结果真的在原先阴暗的地方，发现了不少几乎冻僵的小鸟与花朵。

自此，太阳再也不偷懒，上班再也不早退了。它每天都竭尽全力，希望能让自己的光和热多照耀、多温暖世界一会儿，使更多的人得到帮助。

睡眠街

一

这个少年的名字，我们并不知晓，暂且叫他“启”吧。

少年启曾经环游过世界。有一天，他来到一条不可思议的街，这条街名叫“睡眠街”。果然街如其名，到处静寂无声、毫无生气。所有的建筑物都已十分古老，破损处也无人修缮。由于没有一家工厂，所以也不见烟囱里冒烟。

长长的街，就像横卧在地平线上。为什么人们叫它“睡眠街”呢？原来，无论何人，只要经过这条街，就会感到浑身乏力，疲惫犯困。每天踏入街口的人，在身体忽然疲倦的情况下，如果坐到街边树荫下或石凳上，打算稍做歇息，便会在不知不觉中呼呼睡去，就像被吸入一个极深的洞穴中一样。等到从沉睡中醒来，已经是太阳西斜的黄昏时分。他们对此都惊讶不已，急忙起身离开。

此事如此邪乎，自然一传十、十传百，闹得每个行人都害怕从这条街通过。有些人为了避开睡眠街，还特意绕远路走。

启对于这条人人生畏的睡眠街很好奇，想亲眼见见它是怎样的。好奇心促使他决定亲自走走这条街。同时，他还告诫自己，必须忍住疲倦感，绝不能睡着。带着这样的决心，他向着睡眠街出发了。

二

启来到睡眠街，果然，这里的可怖景象与人们传说的一模一样。虽然现在是白天，但和深夜一样寂静，无声无息。也没有一缕炊烟，不见一个活物。家家户户都门窗紧闭，整条街一片死寂。

启沿着一道几乎快要倒塌的黄色土墙向前走，时不时地从破门的缝隙中向每间屋里探视。但屋里一律黑漆漆，不知以前有没有人住过。有条不明何处窜出来的瘦狗，摇头摆尾地游荡在街上。启心想，这条狗大概是经过此地的路人带来的，因为找不到主人了，所以在街上茫然徘徊。

忽然，一阵睡意向启袭来。

“啊，怎么开始犯困了？真的好想睡一觉啊。不，不能睡，一定要挺住！”启强打精神，喃喃自语。

然而，他仿佛被打了麻醉药一般，全身开始发麻，意识开始模糊，两腿好似灌了铅，再也顶不住了。终于，躺倒在土墙边，一切皆忘，打着呼噜睡着了。

三

启睡得正香，朦胧中忽感有谁在摇晃自己，登时一惊而醒，连忙起身，放眼一看，已是夜晚，银色的月光洒在街上，清冷静谧。

“现在几点了？我怎么会睡着呢？我不是下决心要挺住不能睡吗？”启后悔莫及。

他捡起掉落在地的帽子，戴回头顶。然后望了望四周，发现离自己不远的地方，有位背着大口袋的老人。

启想起刚才有人把自己摇醒，或许就是这位老人吧？他壮起胆子，走近老人。此时月光皎洁，可以清楚地看到老人穿着破旧的西服，脚上的鞋也十分残旧。瞧那相貌，应该很老了，留着雪白的长胡子。

“您是谁？”启大声问。

老人缓缓向启走来，说：“是我将你晃醒的。我有件事要拜托给你。我就是这条街的创建者，这里由我做主。不过，如你所见，我现在已经是年迈的老人了，所以，我要拜托你一件很重要的事。你愿意为我去办吗？”

启心想：我是一个男子汉，不管老人家有什么请求，我都要答应。

于是他对老人发誓说：“只要是我力所能及的事，我一定帮您做到！”

老人听了，十分高兴，说：“你这么说，我就放心啦。让我把事情告诉你吧。我其实是古代人，很久以前就住在这个世界。但是，后来不知从何处来了许多新人类，霸占了我的土地，在上面铺铁道、开轮船、架电线。长此以往，我们居住的地球以后连一棵树、一朵花恐怕都看不到了！很久很久以前，我就极爱这世界的壮美山川、苍翠森林，还有百花盛开的原野。如果世上的人不知疲倦，一味埋头扩张，那么地球很快就会变成沙漠。所以，我从疲劳之沙漠，带来了疲倦之沙，装在这口袋中，就是我现在背着的这个口袋。这些疲倦之沙哪怕只撒上一点，无论是什么，都会瞬间朽烂、生锈；不管是谁碰到，都会疲惫不堪。现在，我将袋子里的疲倦之沙分些给你，请你前往世界各地，不管是什么地方，都撒上一点。”

四

启答应了老人奇怪的委托，带上口袋，开始环游世界。有一天，他来到阿尔卑斯山，见此地风光旖旎、景色秀美。可是，数百名土木工和修路工，将参天的老树锯倒、炸碎美丽的巨岩，然后铺上铁轨。少年见了，从口袋中掏出一把沙子，撒在才铺好的铁轨上。锃亮闪光的铁轨，立刻变得锈迹斑斑。

又有一次，启来到一个繁华大都会的马路上，见一辆汽车从对面飞驶而来，撞倒了一个小学徒，差点就将他碾死。可是那汽车也不刹车，竟想直接逃逸。就在关键时刻，启再次从口袋中掏出一把沙子，撒向汽车车轮。汽车顿时停住，人们立刻围上去，指责司机冷酷无情。

还有一次，启从一个土木工程工地经过，见到工人们挥汗如雨地辛勤工作，显得十分劳累。深感同情的启，掏出一小把沙子，撒到监工身上。监工立刻昏昏欲睡，只说了句：“喂，大伙儿都歇歇吧。”便用帽子遮在脸上，挡住阳光，打着呼噜睡着了。

启乘火车、坐轮船，还到过炼铁厂，将沙子撒到所有踏足过的地方。最后，沙子全撒光了。

“等到给你的沙子都用完了，回睡眠街来，我要让你成为这个国家的王子。”启想起老人曾经说过的话，这时他十分希望能再见到老人，于是启程赶回睡眠街。

数日后，启终于回到了睡眠街。然而，映入眼帘的，已不再是先前见过的古老建筑物，而是鳞次栉比的高楼、黑烟弥漫的天空，炼铁厂中传出机器的轰鸣声、电线像蜘蛛网般四处密布、电车在市中心交错行驶。

此情此景，令启目瞪口呆，只能睁着惊讶的双眼，久久地凝视着。

遗失的洋娃娃

冬季已至，天清气朗、舒爽无风，温暖的阳光照耀着大地。清子一放学，就立即回家铺好席子，取出洋娃娃和玩具开始玩耍。

一个邻居家的孩子，过来和她一块儿玩，后来因为有事先回家了。所以现在只剩清子自己玩了。

不过清子并不觉得孤单，因为她最喜欢的洋娃娃就在身边。她一会儿将洋娃娃抱在怀里，一会儿让洋娃娃坐下，一会儿和洋娃娃聊天，一会儿又将食物放进过家家用的锅碗瓢盆中，喂给洋娃娃吃。

这个可爱的洋娃娃是叔叔在今年开春从老家来做客时，清子央求叔叔去街上买来的。她喜欢极了。

此时虽已日落西山，清子家仍然挺暖和。

“还要吃吗？我再做些可口的饭菜给你吃。”清子向着洋娃娃喃喃自语说。

这时，从对面冷清的马路上，走来一个衣衫褴褛、满面尘土的小女孩，看模样是在到处乞讨。

她本来并无特定的目标，只是随便走着，偶然从清子家门前经过，看见清子正把菊花瓣、山茶花瓣放到玩具砧板上，用小刀切碎，装模作样地为洋娃娃做饭。小乞丐不禁站住脚，出神地看着。

小乞丐自出生以来，从未拥有、也不曾玩过这么可爱的洋娃娃和玩具。

小乞丐对清子的幸福生活十分羡慕。为什么自己却活得这么苦呢？啥时候也能拥有那些可爱的洋娃娃和玩具呢？她怀着渴望的心情，久久注视着清子。渐渐地，她变得忘我起来，眼里只有洋娃娃那可爱的小脸和身子。

真是太讨人喜欢了。啊，那洋娃娃也在朝我笑呢！没错，它确实在朝我笑。让我去恳求那位有钱人家的小姐，把洋娃娃给我抱一抱，只要抱一会儿就行。那么可爱的洋娃娃放在手里，我要好好瞧瞧它的脸，哪怕只瞧一次，我就知足了……

到底要不要去求那位小姐呢？小乞丐内心挣扎着。

不，还是别去了。我身上这么脏，人家平时都骂我“臭要饭的”，那位小姐又怎么肯把洋娃娃借给我抱呢？我又何苦去求她，然后换来她的鄙视呢？不如就这样站在篱笆旁，默默注视吧！

小乞丐幼小的内心世界，涌上一阵辛酸。她悲伤地伫立着，痴痴望向清子的洋娃娃。

这时，清子一直在考虑，再做些什么好吃的给洋娃娃呢？

她从席子上站起身，打算去屋外找些绿叶和其他颜色的菊花瓣。刚走出家门，就见门外站着一个可怜的小乞丐，正望着自己，脸上露出羡慕的神色。再过几天就过年了，可在这样严寒的日子里，小乞丐身穿的衣服却既单薄又肮脏。清子同情地想：她一定很冷。

清子比小乞丐大两三岁。

见清子离开，小乞丐想：现在小姐不在，我趁机去抱抱洋娃娃吧。她蹑手蹑脚地走进屋，不假思索，立即将洋娃娃抱在手上仔细地瞧。这个洋娃娃真漂亮啊，面容看上去也十分和善。

小乞丐盯着洋娃娃的笑脸，说："我还没有一个朋友呢，孤独极了。你能和我交朋友，和我一起玩吗？"

洋娃娃一直亲切地笑着，小乞丐仿佛听见它在回答："好呀，咱们就做朋友吧！"

小乞丐高兴极了，在洋娃娃的脸颊上亲了亲。

过段时间，清子手中抓满白色的菊花瓣，回到家门前，篱笆旁的小乞丐已经走了。她进屋在席子上坐下，正要继续给洋娃娃"煮食"，猛地发现，自己最喜爱的洋娃娃不见了。

清子登时大声嚷嚷起来，随即在屋中到处寻找。一位邻居老奶奶见她十分焦急，便问她在找什么。清子将心爱的洋娃娃不见的事，告诉了老奶奶。

"啊，照你说的，刚才我见到一个小乞丐怀里抱着洋娃娃，走出门去了。看上去她也十分喜欢那个洋娃娃呢，又是摸洋娃娃脑袋，又是和洋娃娃悄声细语，一副爱不释手的模样。

可能就是那个洋娃娃吧？”老奶奶对清子说。

清子认定就是那个洋娃娃。她迅速跑到门外，但哪里还有小乞丐的踪影呢。

清子无论如何都不能忘记心爱的洋娃娃，对偷走洋娃娃的小乞丐恨透了。这天夜里，她做了一个不可思议的梦。

在梦中，她来到了一条河边，繁茂的树林里，有一间用木板与竹子搭成的简陋小屋，屋顶上松散地铺着野草和稻秸。小屋里，一个只有七八岁的小女孩，穿着破旧的衣裳，蜷缩在角落里睡着了。洋娃娃被她紧紧地抱在怀中。带着寒意的星光从破漏的墙隙直透进来。

清子醒了。她对小乞丐的悲苦处境深感同情。但洋娃娃是那么可爱，令她无法忘记。

于是次日在学校时，清子问老师：

“老师，不管是因为什么缘故，偷东西都是在干坏事，是吗？”

“偷东西当然是坏事啦。”老师惊讶地瞪圆眼睛，望着清子。

“老师，如果是自己最喜欢的东西被偷走了，应该怎么办？”清子又问。

“是在学校还是家里被偷的？”

“家里。”

“那应该去报警，把偷东西的坏人抓起来。清子，你被偷了什么？”

“是我最心爱的一个洋娃娃。”

“洋娃娃？你知道是谁偷的吗？”老师凝视着清子。

“是一个只有七八岁，穿着破旧衣服的小女孩。”清子答道。

“那小女孩应该是个乞丐。”老师想了想，又问清子：“你打算是报警，还是原谅她呢？”

“我觉得应该原谅她。她真的很可怜。”清子郑重地说。

“嗯，你能有这样的同情心，非常好。就这么办吧！”老师轻抚着清子的头，笑着说。

这天夜里，清子又做了个不可思议的梦。场景和上次完全相同，只是这回她见到的小女孩，虽然依旧穿着破衣烂衫，但脸上却露出开心的笑容，怀里抱着那个洋娃娃，香甜地熟睡着。清冷的星光从窗外透入，照亮屋中的一切。

牛女

在某个村庄里，住着一个身材高大的女人。由于个头实在太高，导致她走路时总是垂着头。她是个哑巴，但心肠好、性情温柔、多愁善感，而且非常疼爱自己的儿子。

她身上穿的永远都是黑色的衣服，和儿子相依为命，过着贫苦的生活。村民们经常见到她牵着幼子的手，在道路上走。也许是因为她身材高大却脾气温顺，不知是谁给她起了个外号，叫“牛女”。

村里的孩子们一见到牛女，就齐声高喊“牛女来啦”，然后像围观稀奇动物一样跟在她身后，七嘴八舌地议论、嘲笑她。牛女因为是哑巴，耳朵也聋，所以只是和平常一样，默默地低头向前走，步伐很慢，那模样十分可怜。

牛女非常疼爱儿子，疼爱到异乎寻常的地步。因为她知道自己身有残疾，而残疾人的儿子容易受人歧视和欺负；更何况孩子没有爸爸，除自己外，再也没有人会疼爱、抚育他。

因此牛女百般呵护儿子，儿子也十分依恋母亲。不管母亲去哪儿，他都跟着。

牛女身高体壮，力气比普通人大好几倍，再加上心地善良、乐于助人，所以村民们都乐意请她去干力气活。背柴、运石、挑行李等，牛女总是不辞辛劳地埋头苦干，用赚来的收入勉强养活儿子和自己。

然而，即使再强壮，人都是会生病的。一天，牛女病倒了，而且病得很重，连劳动能力都丧失了。

牛女知道自己快要离开人世了。可是，自己死后，谁来照料儿子呢？真是死不瞑目啊！她想：就算是死，自己的灵魂也要化作什么，来守护儿子。想到这儿，牛女明亮的大眼里，流下大滴大滴的泪水。

命运的安排终究难以抵挡，牛女的病情越来越重，终于撒手人寰。

村民们都很同情牛女，大家都能体会到，她扔下儿子孤苦伶仃地在世上，该有怎样的遗憾！

大家聚在一起，为牛女举行了葬礼，并决定共同抚养她的儿子。

从此，孤儿轮流在每户人家中生活。随着时光的流逝，他渐渐长大成人。每逢遇到开心事或悲伤事时，他都会怀念起病逝的母亲。

春尽夏至、秋去冬来，孩子对母亲的思念越来越强烈。

寒冬的某天，他站在村头，眺望着远处村界附近的群山。忽然，在半山腰的积雪上，竟然看见母亲的黑色身影清晰地浮现出来。他惊讶极了，但没有将这件怪事告诉任何人。

这以后，孩子一旦思念母亲，就站在村头，眺望远处的群山。如果天气晴好，总能清晰地望见母亲黑色的身影。而母亲也似乎在定睛凝视着儿子，仿佛在守护着自己的心肝宝贝。

虽然这个秘密孩子对谁也没有说，但不知何时起，村民们都发现了这件事。

“牛女出现在西山那边啦！”大家互相转告，纷纷跑到村头，向西山眺望。

“她一定是挂念自己的儿子，才会在西山露面。”大家议论道。

每到黄昏时，只要天气好，孩童们也都望着西山，高声喊着：“牛女！牛女！”

可是，春天悄悄来临了。积雪开始融化，牛女的身影越来越模糊。等到了仲春，积雪化尽，牛女的身影就完全看不见了。

不过，一到冬天，当积雪满山、到处白茫茫时，西山上又会清晰地浮现出牛女的身影。因此整个冬天，村里的妇孺老少都在谈论着牛女。而牛女的儿子，几乎天天都站在村头，眺望着慈母的身影。

“牛女又在西山出现啦，一定是因为放不下儿子的缘故。真可怜啊！”村民们十分感动，便更加用心地照顾她的孩子。

当春天再度来临，天气开始暖和时，牛女的身影又和白色的积雪一起消失了。

就这样一年又一年，冬天时，牛女黑色的身影就会浮现在西山的半山腰上。她的儿子也逐渐长大，村民们让他到距村子挺近的一个小镇商店里当学徒。

孩子来到小镇后，仍旧时不时地眺望西山上慈母的身影。在村里，每当积雪满山，牛女开始浮现身影时，村民们便会谈论赞赏他们的母子情深。

“啊，牛女的身影变得模糊了，天气要转暖啦！”村民们已经把牛女身影的清晰和模糊，作为季节变换的标志了。

某年的春天，牛女的儿子也不向在西山显影的母亲告别，就擅自离开当学徒的商店，搭上火车，离乡去了遥远的南方。

村里、镇里，没有人知道他的下落。夏天、秋天转眼过去，冬天又来了。

皑皑白雪再次积满高山、村庄、小镇。但令人惊奇的是，不知何故，这一年西山上却不再显现牛女的身影。

“难道是因为她的儿子离开了小镇，牛女就不需再守护的缘故？”村民们心中好奇，议论纷纷。

冬天在不知不觉中过去，春天再临。小镇的街道上残留着未曾化尽的积雪。一天晚上，有个身材高大的女人，在街上慢慢地走着。见到的人无不惊讶万分：她竟然是牛女！

牛女怎么会突然出现呢？她从哪儿来？此后，人们时常在夜晚见到牛女形单影只地在街道上徘徊。

“牛女一定是因为还不知道儿子已经离开了故乡，所以才在这里寻找儿子。”大家都这样说。

积雪彻底消融了，街道上完全没有了雪痕。树木开始萌生绿色的嫩芽，夜色澄明，春光大好。

听说，在某天夜里，有人见到牛女躲在昏暗的小巷中悄然落泪。当晚过后，再无人见过牛女。牛女的身影，永远在小镇消失了。

从这年冬天起，牛女黑色的身影也不再浮现于西山。

牛女的儿子来到南方一个终年无雪的地方，在那儿辛勤工作，赚到了很多钱。他开始想念生养自己的故乡，虽然母亲已不在那里，他也没有兄弟姐妹，但还有抚养自己长大的善良的乡亲们。他想起了乡亲们，想起了村庄，他感到自己必须报答他们。

于是，牛女的儿子携带很多礼物和钱，千里迢迢回到了故乡。他向乡亲们致以厚谢，乡亲们也欣慰地祝贺他的成功。

牛女的儿子想在故乡做一番事业。他买下村里的一大片土地，种上数不清的苹果树苗。他希望能收获个大味香的苹果，然后销往国外。

他雇了不少工人为树苗施肥；入冬后，又搭好棚架围裹树苗，避免积雪压断树枝。树苗渐渐长大，到了这年春天，苹果园中的花朵如雪般盛开。太阳终日将阳光照在花朵上，蜜蜂由朝至暮在花丛中嗡嗡地飞来飞去。

到了初夏，青色的小果实挂满枝头。然而，就在果实即将成熟时，来了一场虫灾，满园的苹果树上都是虫，苹果被咬得全部掉落下来。

接下来的几年，年年虫灾，苹果总是无法成熟收获。看来，这里面大有蹊跷。

村里一位历尽沧桑的老人对牛女的儿子说：“可能是有什么东西在作祟！你仔细想想，有没有做过啥错事？”

牛女的儿子想啊想，就是想不起。

后来，当他独自静静沉思时，想起来了，自己当年离开小镇前往遥远的南方时，并未得到母亲魂灵的允许。自己荣归故里后，也仅仅去拜祭了母亲的坟墓，而没有给母亲做法事。

他登时明白了：母亲生前那么疼爱自己，死后还守护着自己，可自己对她太冷淡了。虫灾一定是母亲在发怒。

于是，牛女的儿子虔诚地去祭拜母亲的魂灵，又请来法师，唤来乡亲们，为母亲做了法事。

次年春天，苹果树再度开满如雪般的白花。入夏后，青色的果实又挂满了枝头。每年一到此时，就会发生虫灾。大家都希望今年能有好收成。

某个夏日的黄昏，不知从何处飞来成群结队的蝙蝠，接连数天夜里，都在苹果园上空盘旋，捕食害虫。蝙蝠中有只体型格外大的，好似女王一样，率领着蝙蝠群。不管是东方天际高悬圆月的良宵，还是黑云沉沉的暗夜，蝙蝠都盘旋在苹果园上空。因此这一年苹果树未遭任何虫害，结出的苹果又大又甜，“这一定是牛女变成蝙蝠，来帮助她的儿子！”村民们都这么说。大家都为她充满深情的慈母之心所感动。

从此以后，每年的夏天，那只大蝙蝠就率领蝙蝠群在夜晚出现，盘旋于苹果园上空。苹果树再也没有遭遇虫灾，年年获得大丰收。

就这样，过了四五年后，牛女的儿子成了这片土地上一个富裕而幸福的农民。

爬上树的少年

有一个少年，名叫辰吉。在他幼年时，双亲就先后去世了，奶奶含辛茹苦地将他抚养长大。

每次只要见到别的孩子有父母疼爱，或是有哥哥、姐姐带着嬉戏游玩，辰吉心里就会默默伤悲，并暗暗问自己：“为什么只有我没有爸爸妈妈、兄弟姐妹呢？”

“奶奶，我的妈妈呢？”辰吉问奶奶。

奶奶伸出布满皱纹的手，轻抚着辰吉的小脑瓜，说：“你妈妈去了一个遥远的地方！”

遥远的地方？辰吉弄不明白了，那是什么地方？会不会是飘着朵朵白云的天空呢？辰吉每回一想到这个问题，都会伤心地流泪。

“奶奶，妈妈到底啥时候回来呀？”

奶奶爱怜地摸着小孙子的头，答道：“你妈妈如今在天上，已经化作了星星。所以没办法回来了。不过她每天夜里，都会从空中俯视人间，护佑你平平安安，茁壮成长，做一个人见人夸的好孩子。”

辰吉对奶奶的话深信不疑。从此他天天夜里都会走到屋外，仰望闪烁在深蓝夜空中的星星。

“妈妈变成了哪颗星星呢？”他嘴里喃喃自语，努力在繁星中寻找着。

“每个人死后，都会飞到天上，化作星星。”奶奶曾这么说过。夜空中星光璀璨，有的星星望上去挺大，忽闪着白光；有的仿佛凝固般，散发着红光；还有不少小星星，星光较淡，像萤火虫一样。这么多星星，究竟哪颗是妈妈变的呢?

妈妈此刻一定在屋顶上方望着我呢！辰吉心想。

仰望着头顶的天空，他找啊找，最后决定将一颗星光柔和、不大不小的橘红色星星认作自己的妈妈。

这颗星星似乎正双眸含泪，有千言万语要诉说一般，久久地凝视着大地。

辰吉一次又一次地呼唤着：“妈妈！妈妈！”即使屋外寒风凛冽，他也会长时间地站着，仰望星辰。

在屋里的奶奶很担心他，唤道：“辰吉，快入屋，别冻感冒了。”

辰吉一边不情愿地回屋，一边嘀咕说：“我在看星星呀，那是妈妈变的。”奶奶每次都会伸出满是皱纹的手，慈爱地抚摸着辰吉的小脑瓜。

虽然辰吉今年才十二岁，但在生活的压力下，他必须离开奶奶，去距离家五六里的小村干活。

初来乍到，辰吉感到十分孤独，清晨和夜里周围无人时，他就会想念奶奶。奶奶这时在干什么呢？心中想着，不由双目泪流。

雇用辰吉工作的人，相当刻板严厉。他经常告诫辰吉：“只有努力工作，才能成为受人尊敬的人。”

辰吉每天在雇主吆喝下拼命干活，挑水背柴，忙忙碌碌，连稍微歇息下的时间都几乎没有。他越来越想念慈祥亲切的奶奶，并在心里感谢她以前对自己的好。

每晚吃完饭后，辰吉就像以往在家时一样，跑到屋外仰望天上繁星。那颗柔和的橘红色星星在这个地方也能望得见。辰吉心想，天上的妈妈一直陪伴着自己，如今又在异乡的屋顶上空，疼爱地守望着自己呢！

“我所有的经历，妈妈一定都清楚。”辰吉仰望星空，时常这么对自己说。

村口有座寺院，寺院中长着一棵古杉树，高大繁茂。这时夏天已到尾声，初秋将临，不过天气依然炎热。村里大大小小的孩子们，都喜欢跑到寺院里乘凉，玩着捉迷藏和各种游戏。

“这棵树往上，一直连到天上！”一个孩子仰着头，望着杉树对大家说。孩子们玩累后，都聚在树荫下歇息。

“笨蛋，怎么可能连到天上？你知道天有多高吗？”另一个孩子反驳说。

“这棵树确实连到天上！”先前那个孩子对此深信不疑。

“白痴！要知道天很高很高，比这棵树高了不止一里、二里、十里、百里，还要高很多哩！”反对的孩子说。

其他的孩子都兴致勃勃地听他们谈话，脸上带着笑容。两个孩子继续着这个话题。

“就是那么高！因为树的最顶端，就挂有星星。”认为杉树连到天上的孩子说。

“看上去似乎是，但事实上连不到。”反对的那个孩子坚持反对。

有一个孩子插话说：“瞧，今天的天空望上去挺低的。”

“老师教过我们，秋天时因为空气澄净，所以天空望上去就显得低了。”持反对意见的那个孩子说。

“你竟然一直没看见树顶连着天空？眼睛瞎了么？”认为杉树连到天上的孩子禁不住发火了。他们由于意见相左，终于大吵起来。

“嘿，不准争吵，全都闭嘴！”年纪最大的孩子王阻止了他们。

又有一个孩子在一旁说：“你们知道吗？据说有人住在星星上面呢！”

这时，奶奶曾经说过的“每个人死后，都会飞到天上，化作星星”这句话，浮现在辰吉脑海中。辰吉也觉得今天的天空望上去确实低，仿佛就和树顶相连。

“妈妈说不准会从天上下来！”辰吉心想。

那两个孩子还在互不服气地吵着。

“别吵啦，爬到树上去瞧瞧，不就清楚了？”孩子王说。

可没有哪个孩子有勇气爬上去。

辰吉说：“我爬上去吧！”

其他孩子全都惊讶地望向辰吉。

“你爬上去？”

“这棵树很高啊，万一跌下来就不好了。”

“你爬得上去？”大家都有些不信。

辰吉轻轻点点头，将一双小木屐脱下来，放到树根下，开始爬树。

大家都目不转睛地盯着辰吉。夜幕已经降临，暗夜中唯有树枝在风中摆动。杉树顶上，星光灿烂，辉映夜空。

辰吉爬得越来越高了。荫翳的枝叶片刻就遮蔽了他瘦小的身子。

“这会儿他说不定已爬到最高的树顶了？”孩子们在树下议论着。

“难说。怎么不见他下来呢？”

“喂，辰吉！”孩子们在杉树下大声喊道。

然而辰吉也不知是什么状况，一直没有回答，也不见他爬下来。孩子们既奇怪又着急，仰着头使劲朝树上望，望了很久很久。

树枝在晚风的吹拂下，发出细微的摆动声。夜色已深，孩子们都有点发怵。

“会不会是树上有大蛇，把辰吉给吞了？”一个孩子战战兢兢地说。其他孩子听了，登时吓得大叫起来，慌忙散开，离开树底，然后一齐抬头望向树顶。还有的孩子心惊胆战，急急奔逃回家。

除了跑回家去的孩子，留下的孩子都放心不下辰吉，继续守在杉树四周。

家长们听说了这件事，纷纷赶来，不解地问："辰吉为什么要爬上那么高的树呀？"

这时已经是深更半夜，黑灯瞎火，谁都不敢爬上去找辰吉。他们只能聚在树下，大声高呼"辰吉，辰吉"。但没有任何回答。

人群中不知是谁说道："等明天再来吧，那时就能看清了。"大家听了，觉得有理，就各自回家休息了。

次日天明，大家都聚集到大杉树下。有个大人爬到树顶，却只发现树枝上挂着辰吉的衣服，辰吉本人却不见了踪影。大家诧异极了，谁也不知道到底是怎么回事！他们议论纷纷，有的说辰吉化作了蝙蝠、有的说辰吉化作了猫头鹰，张开翅膀从大杉树顶飞到天上去了。

黑猫与波斯猫

有一只挺老的黑猫，在街上散步，从眼神中可以看出它居心叵测。

一只毛色金黄、十分漂亮的波斯猫从远处走近。

“嘿，漂亮的猫，你是哪儿来的？我怎么不认识你？”黑猫停住脚步，问：“这一带所有的猫，没有我不认识的。你什么时候搬到这里的？”

“我搬来没多久，所以您不认识我。”波斯猫客客气气地答道。

“是这样啊。那么，入乡随俗，以后有啥可口的食物，都要先送到我这儿，明白吗？我一直都在这附近转悠。”黑猫装出凶狠的样子，威胁道。

这时，一条凶猛的虎头犬气势汹汹地向两只猫走来。黑猫登时吓得战战兢兢，打算转身逃跑。但波斯猫瞧了一眼虎头犬，虎头犬就立即离开了。

“瞧见没有？连狗都害怕我。”黑猫见虎头犬离去，立刻又变得神气活现，向波斯猫吹嘘起来。

波斯猫听它说出这种话，十分诧异，说：“害怕你？那是和我同住一家的狗啊。你要是欺负我，我会告诉它的。”

黑猫惊骇不已，迅速转身跑开了。

钟与行脚僧

在偏远的郊野，有一座叫“正觉寺”的寺院，因乏人布施，所以困顿贫苦。寺里的住持已经换过数任，但撞钟的眇目杂役却一直都在，每天早晚由他负责撞响大钟。

往昔雪白的正殿墙壁已斑驳不堪，大钟悬于钟堂，堂周以石块围砌。年复一年的风吹雨淋，令大钟遍布青绿色锈迹。村里的顽童们来捡果子时，经常向大钟投掷石子。大钟旁垂着一根一头系在粗草绳上的巨槌，眇目杂役每晚将巨槌扛上肩，先向后退两三步，而后将巨槌使劲撞向大钟。

某日，一位衣衫褴褛的行脚僧云游到此地，他在村道旁的茶肆歇脚时，听到远处传来撞钟声。“啊，这钟声太动听了。我走遍天下，还从未听过如此悦耳的钟声呢！”

经营茶肆的老婆婆将行脚僧的赞赏传播开去，很快村里的人们就都知道了。

“正觉寺的钟声果然非常动听！”

原先对钟声毫不留心的村民们，现在都开始倾听钟声了。

“确实非常悦耳。”大伙儿都这么说。

能听到大钟声音的，还有周边其他两三个村子，每个村子都开始流传行脚僧的赞美。很快，正觉寺的大钟远近闻名，不管是在春日悠长的午后，还是在寒风呼啸的秋夜，人们只要听见正觉寺传来的钟声，敬慕之心都会油然而生。

“听！正觉寺在撞钟！”这钟声一响，哪怕是床上哭闹的小孩，也会立即止啼，凝神倾听钟声。

村子里一位很有学问的男子，对住持说：“那口大钟一定是混杂着黄金铸成的，所以钟声才如此悦耳动听。”

一向拮据的住持，听了这话兴奋极了，心想要是将大钟拿去卖，一定能卖很多钱。到时就能翻新寺院了。

过了一段时间，行脚僧再次经过此地，来到茶肆中歇脚。

他问老婆婆道：“老人家，还记得我吗？”

“当然记得呀。您就是赞美过正觉寺钟声的那位法师。”茶肆的老婆婆答道。

“我来这儿，是想再听听那美妙的钟声。”

就在这时，正觉寺黄昏时的钟声响了。行脚僧低首细听，随后问道：“撞钟的人，是不是换了？”

“嗯，长年以来负责撞钟的眇目杂役，去年过世了。”

“原来如此。难怪钟声不像以往那样庄重、浑厚了。”行脚僧叹息道。

“那是什么缘故？”茶肆的老婆婆好奇地问。

“凡是钟，只要撞击，就都会响。但唯有虔诚的人去撞钟，钟声才能打动人心。因为钟声中蕴含了人的心声。我所赞美的，就是这种虔心礼佛的心声啊！”

行脚僧说完，起身离去。

国王的茶碗

从前，在某个国家有位著名的陶器师。他制作陶器的手艺，是祖上世世代代传下来的，所以只要提起他家烧制的陶器，连遥远的海外各国都知晓。这个陶器世家的每代人，均严格挑选来自深山的上好陶土，聘请最出色的画家和众多工匠，精心制作陶器。他们造出的花瓶、茶碗、碟子等各式精美陶器，吸引了无数外国游客。游客们一踏上该国的土地，就首先到这家陶器店参观。

“啊，多漂亮的碟子！瞧，还有茶碗……”游客们赞叹不已。

“必须买几件带回去。”游客们或买花瓶，或买碟子、茶碗。该店的陶器就这样随着众多游客去了国外。

有一天，一个看上去地位很高的官员，来到陶器店。他认真地看了一阵陶器，然后对陶器师说：“你的陶器确实烧得非常棒，件件都那么轻巧、细薄。如此看来，我可以放心地将这个任务交给你了。请你倾尽全力，为国王特制一只茶碗。我就是为了这件事，才到此拜访的。”

陶器师一向忠厚本分，对于这个任务，既受宠若惊又惶恐不安。他急忙致谢说：“小人一定竭尽所能去烧制茶碗。能为国王效劳，实在是莫大的荣幸。”

官员离开后，陶器师将店里所有人都招来，说明此事，然后吩咐道：“能为国王烧制茶碗，对我们来说是无上的光荣。你们一定要用心做出比先前还要好、还要高级的茶碗。刚才那位官员对轻巧、细薄的茶碗十分赞赏，不错，质量好的陶器就该如此。”

接着，陶器师又告诉大家一些注意事项。

数日后，为国王特制的茶碗造好了。那个官员再次来到陶器店，问道：“国王的茶碗造好了吗？”

陶器师恭恭敬敬地答道：“我正打算今天就给国王送去呢。劳您奔走，实在过意不去。”

“那只茶碗一定既轻巧又细薄吧？”

“您请看，就是它。”陶器师将茶碗拿到官员面前。

这只茶碗质地轻薄细腻，做工考究，通体雪白，如白玉般透明。其上还烧有国王的纹章。

“非常好，果然名不虚传。嗯，声音也悦耳极了。”官员握着茶碗，用指尖轻轻弹了弹。

陶器师低着头，恭敬地说：“是呀，再也没有比现在这个更轻、更薄的了。”

官员点点头，让陶器师立即将茶碗敬呈国王。说完转身离去。

陶器师换上礼服，用一个精雅的匣子装着茶碗，送入宫中。

世人对此事纷纷传说，很快所有人都知道了镇里有名的陶器店，为国王特别烧制了一个茶碗。

官员将茶碗敬献至国王面前，说："这个茶碗，是本国最有名气的陶器师为陛下精心特制的，已尽全力做到既轻巧又细薄。不知陛下是否满意？"

国王接茶碗在手，旋转着欣赏了一阵，果真是既轻且薄，拿在手上几乎感觉不到它的存在。

"茶碗的优劣，依据什么标准来衡量呢？"国王问道。

"衡量上好陶器的标准，要看它是否轻、薄。那些既重且厚的茶碗，就是劣等品。"官员答道。

国王默然颔首。从那天起，国王的餐桌上就一直摆着这只茶碗。

国王为人刚毅，懂得忍耐，遇到难受的事，从不叫苦。因为他需要治理国家，对于一般的事，向来都是不动声色。

自从用上这只轻薄的新茶碗后，由于传热快，一日三餐，他的手都被烫得十分难受。但是这种痛苦，他必须忍耐着，不能轻易流露出来。

"难道玩赏使用上等陶器，就必须忍受这种痛苦吗？"有一次，他这样想。另一次他又想："不，并非如此。这应该是臣子们出于忠心，为了提醒我不能忘记痛苦，而故意让我使用烫手的茶碗啊。"可是转念又想："也不对，可能是大家都相信我是强者，绝不会畏惧这些许痛苦的缘故吧。"

无论如何自我安慰，每天吃饭时，国王都要面对这只茶碗。这时他的心情就变得十分不快。

有一次，国王去乡间冶游。因为地处荒僻，没有适合国王的下榻处，只好请他屈尊住进一户农家。

农夫老实敦厚，不懂得溜须拍马，而是用淳朴热情的态度来接待国王。国王对此非常高兴。农夫很想奉上美食款待国王，无奈乡下地方，诸多不便。但国王明白农夫的心意，觉得农夫的家常便饭已经十分美味。

这时已是晚秋，天气十分寒冷，农夫做的热汤令国王浑身暖和。而最让国王满意的，是那只又厚又重的茶碗，拿在手上一点也不烫。

国王顿时想起，自己以往进膳时是多么不便。他琢磨着：那只名贵的茶碗，无论多么轻巧细薄，但它就是一只茶碗，用轻薄来衡量茶碗的价值，并作为是否是上等的标准，还必须使用它，这么愚蠢的事，实在令人感到讨厌。

国王拿起桌上的茶碗，放到眼前细看，然后问道："这只茶碗是谁造的？"

农夫诚惶诚恐，深感用如此粗糙的茶碗来招待国王，实在是太无礼了。他低着头，实话实说道："真是抱歉，竟让您用这么粗糙的茶碗。这是我早些时候在街上买的廉价货。没想到陛下会大驾光临，我虽知这是莫大的荣耀，但来不及去街上买个好茶碗招待您。"

国王说："别这么说。你的热情款待，已经令我十分开心。过去我还从未如此高兴过。我天天都为使用茶碗而痛苦，这样方便的茶碗，以前从没用过呢！所以，请告诉我，制造这茶碗的人是谁？”

农夫恭敬答道：“谁造的这茶碗，我确实不知。这样粗糙的用具，一般说来，都是无名的陶器师烧制的。他肯定做梦也想不到，陛下您这么尊贵的人，会使用他制的茶碗。”

“或许确是如此，但他也是个令人敬佩的陶器师，因为他造的茶碗非常实用。他明白茶碗的用处，就是盛热茶、热汤，应该令使用者能放心地喝汤饮茶。而某些陶器师，虽然名气很大，却忽略了茶碗最基本的用途。这样造出来的茶碗，即使再高级也没用。”

国王游赏完毕，起驾回宫，百官恭敬相迎。这时的国王，已经亲身体会到民间农夫们的生活是多么简单、自在。他们正直热忱不趋炎附势、不阿谀奉承，国王对此永远也不会忘记。

用膳的时间到了，国王一见到那只轻巧名贵的茶碗，心情立刻又变得不快。打量着茶碗，国王心中暗想，由今天起，又得忍受烫手的痛苦了。

一天，国王下诏，命那位著名的陶器师进宫。陶器师沾沾自喜，认为自己进献了那么上等的茶碗给国王，国王这次一定会大大奖赏自己。于是得意扬扬地入宫来。

国王用平静的口吻对陶器师说：“你身为制陶名人，必须明白一点，无论陶器烧制得多精致，若失去了实用价值，无法给予使用者方便，那就毫无意义。托你的福，我每天用你的茶碗，都在忍受着痛苦。”

陶器师听完，满面愧色，退出了王宫。据说从此之后，他从一个著名的陶器师，变成了只制作厚重茶碗的普通陶器匠。

巧克力糖天使

一座有着几根烟囱的工厂，正将黑烟吐向美丽的蔚蓝色天空。这是一家专门生产巧克力糖的工厂。

生产出的巧克力糖分装入小盒子中，被运到街道、农村、城市去。

某天，一批装满巧克力糖的小盒子，从工厂送出，上了一辆货车，经过漫长、蜿蜒路途的颠簸，来到火车站。它们将在此登上火车，运往偏远的农村。

每个装巧克力糖的小盒子上，都画有一个可爱的天使。这些天使的命运各不相同：有的被撕碎，混在其他废纸中，扔进垃圾桶；有的被投进火炉，顷刻间灰飞烟灭；有的被丢弃在污泥道上。对孩子们而言，要的只是糖盒中的巧克力糖，糖盒没有必要留着，随手扔掉就是。于是那些被丢弃在污泥道上的天使们，不得不一次次承受车轮的无情碾压。

当然，天使是不会痛，也不会流血的——即使被撕碎、被焚烧、被碾压。它们只会对自己在人间的命运感到欢喜或悲哀，最终灵魂总归要升上蓝天。

当货车飞奔在漫长蜿蜒的道路上，向火车站前进时，有位天使望着湛蓝的天空、青翠的森林、鳞次栉比的房屋，自言自语道："那座吐着黑烟的建筑物，应该就是巧克力糖工厂了。风景真美啊！有个小镇就坐落在远处的海滨，如果可以让我选，我愿意去那个小镇。那儿一定有不少有趣的事、新奇的事！但此刻我正前往火车站，之后就是乘火车，被运到更远的地方去。这样一来，就再也不会回到城市了，连这美丽的风景也见不到了。"

一想到要离开繁华的城市，去往陌生的远方，天使就一阵心伤。但同时它又想象着自己未知的前途，感到颇有意思。

中午时，巧克力糖被装上了车厢晃晃荡荡的火车。在一片黑暗中，它们不清楚火车将去向何方。

其实，这列火车越原野、穿隧道、过村庄，又驶过横跨大河上的铁桥，正飞快地向东北方呼啸而去。

到黄昏时，火车抵达一个荒凉寂静的小车站，巧克力糖在此地被卸了下来。随后火车又吐着烟，咣当咣当地驶向天色渐暗、大风猛刮的原野。

接下来会有怎样的命运呢？巧克力糖天使的心中，既担忧又充满了期待。片刻后，一百多盒巧克力糖，被送到了街道糖果店中。

可能因为是阴天，傍晚时分，街上就几乎没有人了。巧克力糖天使闷在这冷僻的街上，数日里无人问津。它想，或许此后每天都是这样了。如果一直持续下去，真是郁闷极了。

画在巧克力盒上的上百位天使，也许都陶醉在各自的幻想中吧。有的希望能早日飞天，有的则打算在人间看到自己的命运后再升天。

而此刻要讲的，正是那么多天使中的一位。

一天，有个男子推着一辆车来到糖果店。接着，三十盒巧克力糖就和其他点心一起，被搬到了车上。

天使心想，这是要去哪儿呀？车里黑乎乎的，耳畔只能听见车在乡间幽静石板路上推过时被颠得咔嗒咔嗒的声音。

途中，男子遇到一个同行。

“今天天气挺好。”

“是啊，一天比一天晴朗呢。”

“一直好天气的话，雪就都融化了！”

“你去哪儿？”

“我把这些点心糖果送到那边的小村去。这是今年从东京运来的第一批货。”

巧克力糖天使听了他们的对话，才知道附近的原野、田地中还积着雪呢。

进村后，它听到树梢有很多鸟儿在“啾啾”欢唱，并在枝头跳来跳去。还听到孩子们开心戏耍的笑闹声。忽地“咔”一声，推车停住了。

天使明白，目的地到了。很快，那个男子打开车门，将巧克力糖送到村里一间小点心店里，和其他各式点心糖果放在一起。

“怎么都是十钱一盒的巧克力糖呢？有没有五钱一盒的？最好给我进点。我们这穷地方，十钱的巧克力糖真不好卖。”小点心店的老板娘，手拿巧克力糖，不满地唠叨着。

“全都是十钱一盒的。不然，您就拿三四盒好啦。”推车的年轻男子说。

“那麻烦您，给我三盒吧！”老板娘说。

于是，最终有三盒巧克力糖进了小点心店。老板娘将它们全部装入一个大玻璃瓶中，然后把玻璃瓶放到柜台显眼处，这样顾客一眼就能看见。

年轻男子推着车离开了。他大概还要去其他村子送货。

从同一家厂里生产出来的巧克力糖，乘着同一列火车，来到此地。在这之前，它们有着相同的命运。现在，它们必须分开了，各奔前程。从此以后它们在人间很难再有相见之期。若要再聚，只能等升天之后，再彼此诉说各自的命运。

天使透过玻璃瓶，望着从小点心店前缓缓流过的小河。阳光照射在河面上，波光粼粼。天色渐暗，乡村的夜晚清冷静谧。天亮后，鸟儿们又飞到枝头欢唱。

今天，又是一个大晴天。远山云雾缥缈，孩子们聚到店前嬉戏。巧克力糖天使心想，这些孩子们要是买完糖，把盒子扔进奔流向前的小河里就好了。那样的话，自己就会随着流水，漂到远方云遮雾绕的山中去。

可是事与愿违。正如老板娘所言，这穷地方农民的孩子根本买不起十钱一盒的巧克力糖。

夏天到了，燕子飞来，那娇小可爱的身影，倒映在清澈的河面上。酷暑炎热，过路人都会在小点心店里休息，谈笑风生，但就是没有人买巧克力糖。所以天使既无法升天，也不能去其他地方旅行。时间长了，玻璃瓶落满灰尘，变得很脏了。巧克力糖天使只能在忧闷中打发着无聊的日子。

天气又慢慢转冷，冬天到了，大雪纷飞。这时天使已经对乡下的乏味生活十分厌倦，可是又无可奈何。

这天，天使来到小点心店刚好满一年了，一位包着黑头巾、拄着拐杖的老婆婆走进店里，问道："这里有什么可口的点心糖果吗？我打算买点寄给小孙子们。"

"老太太，我这小店没有上等点心，但有巧克力糖。您看要吗？"老板娘答道。

"那把巧克力糖拿来我瞧瞧。"老婆婆对老板娘说。

"您打算寄去哪里呢？"

"我准备了糕饼寄到东京去，我的小孙子们在那儿。所以想顺便再捎点糖果什么的。"

"老太太，这些巧克力糖，就是从东京运到这儿的。"

"啥地方都没问题，我就是表达个心意。那些巧克力糖我买啦。"老婆婆将三盒巧克力糖一次全买了。

天使怎么也料不到可以回东京，心里高兴极了。

第二天晚上，巧克力糖被装进漆黑的货车里，又是一路颠簸，然后登上火车，沿着来时的路线，向城市飞驰。

天亮时，火车到达东京火车站。

这天中午，装有巧克力糖的包裹，照地址送到了收件人家。

“乡下有包裹寄来啦！”孩子们欢喜得叫嚷蹦跳起来。

“寄的是什么？可能是糕饼吧。”孩子们的妈妈将包裹绳解开，打开里面小箱的盖子，里面装的果然是乡下做的糕饼，另外还有三盒巧克力糖。

“哟，这些巧克力糖是奶奶专门送给你们的。”妈妈将三盒巧克力糖分给三个孩子。

“啊，是巧克力糖！”孩子们高兴地嚷着，满心欢喜地带上巧克力糖，跑出大门，去外面玩耍了。

早春的傍晚仍旧寒冷，孩子们在马路上玩捉迷藏。他们将巧克力糖从盒子中掏出，扔一些逗弄紧跟在旁的小白狗，其余的自己全吃了。等三个盒子都变成了空的，一个孩子将盒子扔进旁边的水沟；一个孩子将盒子撕碎；还有一个孩子将盒子抛到小白狗身边，小白狗叼起空盒，在周围跑着。

天空湛蓝，令人心生亲近之感。离百花盛开的时候还早，唯有梅花绽放，倾吐着芬芳。在这静寂的黄昏，三个天使升天而去。

其中一个天使，遥望远方城市的天空，默默回忆着以往的经历。那里，很多烟囱正冒着黑烟，已无法分清生产自己的工厂是哪一家。所能望见的，只有美丽的灯光，点亮在朦胧雾霭中。

天使们向着深蓝的天空飞升，越来越高，天幕也越来越亮。它们将要到达的地方，有数不尽的璀璨星光在闪烁。

鱼与天鹅

冬天，河里的鱼儿们因为水流冰冷湍急，所以都安静地潜在阴暗的水底，一动不动。

这天，一条小鱼感觉闷得很，便摇摆着身子，想要自由地在水中游游。

但鱼妈妈立刻告诫它："乖孩子，别着急，再多忍一忍，春天马上就到了。那时阳光照亮着水面，水温也会升高，你就可以尽情地畅游了。"

小鱼对妈妈的话，一向都很听从。但冬天冷寂乏味的生活，让活泼好动的它感到很别扭。

某天，小鱼忽见头顶上方有一团火红的东西在闪着亮光。它兴奋地跳起来，叫道："妈妈，瞧，那火红的光一定是太阳，春天来啦。"说着跃跃欲试，打算游到水面上，追赶那团红光。

鱼妈妈急忙拦住它，教训道："小心，那可不是太阳光，也不是月亮光，不能望见光亮就追过去。要是这么着，你就永远离开我们了。那团红光，其实是人类点燃的火堆，想借此引诱我们浮上水面，然后再用好大好大的渔网，将我们一网打尽……”

小鱼被吓着了，心里十分恐惧。它乖乖地潜到水底，惊骇地凝视着上方阴暗处小小的、一闪一闪的红色火光。

“妈妈，真正的春天到来时，是怎样的呢？”小鱼问。

妈妈便认真地告诉它：“春天降临时，水面上方会全部变亮，而不是现在这样只有一处发出红光。”

从此以后，小鱼就一直和伙伴们待在水底，在一块既暗又小的区域内游动。水底的阴冷无光、狭窄逼仄，令它们深感厌倦。它们都希望能快点去广阔的水面上自在畅游。

“真希望春天早点到来。”小鱼对伙伴们说。

“只要见到水面上方全部亮起来，我们就知道是春天到了。”伙伴们回答说。

“究竟水面上的世界，是什么样子呢？好想马上就知道。”小鱼叹息说。

“听说，到了水面上，抬头一看，就能见到天空。在天空上，挂着发出强光的太阳。到了夜里，还会看到月亮。月亮把水面照得一片银白，美极了。”伙伴们将听来的情景，告诉给小鱼。

一天晚上，水面上方忽然变得完全明亮起来。小鱼太高兴了，认为春天终于来了。它也不先问问妈妈，就和伙伴们互相鼓劲，努力朝水面上方浮游上去。

“现在就去瞧瞧天空是啥样子。”

“还要看看月亮。”

小鱼一路上和伙伴们谈论着，充满期待的眼神一直向上望。

终于，它们游到了水面上方。可是头顶上却有硬邦邦的啥东西，阻住了它们。

“是什么呀？都撞疼我了。”其中一条鱼叫道。

“啊，说不定是撞到天空了。”另一条鱼猜测说。

“那月亮又在哪儿呢？”

“一定是躲起来了。”

它们欣赏着“天空”中的明亮光芒，但这冷冰冰的亮光令它们不由自主地感到害怕。

在惊恐中，小鱼们又纷纷游回了水底。

“妈妈，水面上方全都亮了，应该是春天到了吧？我和朋友们游了上去，结果脑袋撞到天空上了。”小鱼对妈妈诉苦说。

妈妈笑了，说：“傻孩子，春天还没到呢。你撞到脑袋的，也并非天空。天空非常非常高，即使是人类，也无法到达那里。你碰到的是冰层，因为水面上方气温很低，所以水面被冰冻住了。”

小鱼听了妈妈的话，挺失望的。自此以后，它对春天的期盼更热切了。

春天，终于在苦苦等待中来临了。

一天晚上，小鱼们望见水面上方的亮光，变成了与以往不同的青白色。

“你盼望的春天已经来了，冰层也融化了，今晚就去瞧瞧月亮吧。”鱼妈妈说完，带着小鱼游到了水面上。

水面上的未知世界，真是宽广啊！小鱼透过离自己很高很高的云层，望见了真正的天空，也看到了散发出柔光的圆月。遥望远方，还能看见人类出没的森林。小鱼跟在妈妈身后，快活地在波光荡漾的水面上来回游着。

“从今天起，气温就开始升高了，河水会一天天地变暖、变亮。白昼时，阳光会普照整条河，因此你无法再静静地只待在某处。但是，当你游到其他地方时，一定要注意，水面上漂浮着很多鱼饵，都是你爱吃的。记住，千万别贪吃，一旦吃了鱼饵，就会被鱼钩钩住，从水里被人类钓上去。只要离开水一阵子，你就会死去。所以，要有妈妈陪着，你才可以浮到水面上玩耍。”妈妈叮嘱说。

小鱼有点闷闷不乐，它觉得这样一来又不自由了。

“妈妈，那我们可以去哪儿玩呢？”小鱼问。

鱼妈妈慈爱地望着小鱼，教导说：“人类钓鱼一般都是在岸边，你在河中心玩就安全了。此外，要是有其他动物捉住了你，要竭尽全力跳起逃走。”

阴暗的时光离去了，水温一天比一天暖和，小鱼的心情也日渐开朗。

不过，对于妈妈凡事都要约束自己，小鱼还是感到不满。这天，它独自游到河中心，而后向上浮，慢慢浮到了阳光明媚的水面上。

啊，这亮光真是舒坦呀！小鱼快乐地想要跳起来，并打算游去其他地方瞧瞧。

阳光下，河水呈现出一片宁静的浅蓝色，小鱼内心激动不已。

两次、三次……小鱼露出白肚皮，不停地跃出水面。

当小鱼再度跃起时，一只觅食的天鹅动作灵敏地叼住了它。

霎时间，小鱼愣住了。它使劲扭身挣扎，却于事无补。

“求求你，放了我吧。妈妈正等我回去呢。”小鱼苦苦哀求叼着自己在水上飞行的天鹅。

天鹅哪里会听从小鱼的哀求呢？它嘴叼小鱼，停在一块巨岩上，而后将小鱼吐到石面上，没有丝毫怜悯地说：“你就别指望回家了。我捕到你，原本一口就能吞下肚，但你个头太小了，我也吃不饱，所以带你来这儿喂我的孩子。”

小鱼有生以来头一次为不听妈妈的话而懊悔。

天鹅妈妈站在巨岩上呼唤着小天鹅。不一会儿，一只小天鹅拍打着雪白耀眼的双翅，飞到妈妈身边。

“吃吧，这是你最爱吃的小鱼。”天鹅妈妈疼爱地对孩子说。

小天鹅好奇地睁着又黑又圆的眼睛，盯着小鱼。

“活鱼最新鲜，赶快吃。”妈妈催着小天鹅。

这时，小鱼猛地记起了妈妈的教导：要是有其他动物捉住了你，要竭尽全力跳起逃走。

于是，它趁小天鹅不留意时，用尽全力，拼命跃起身子。

这一跃，跃过了巨岩，扑通一下掉入了水中。它一边庆幸，一边立即潜到了水底。

天鹅妈妈猝不及防，心中大感可惜，便训斥小天鹅疏忽大意。小天鹅瞪着双眼，惊讶极了。

吃一堑长一智，小鱼从此变得谨慎小心，不再随便跃出水面，并明白何时才应该跃起。

而小天鹅有了这次的经验，也开始努力锻炼自己的快速反应能力，并懂得了任何时候都不能掉以轻心。

春尽夏至，小鱼长大了。又过了一段日子，它也当上了母亲；小天鹅也长成了大天鹅。鱼儿们依旧畅游在河水中，天鹅们仍然飞翔于蓝天上。

城里的阔小姐

从前，有位阔小姐住在城里。她特别喜欢安静，对喧嚣的城市很反感，总是考虑搬到幽寂的地方去，越是人迹罕至越佳。

于是，她决定搬家。既然是小姐的吩咐，仆从们也无法违背。哪怕是荒山野岭，主人要去，他们也必须紧紧跟随。

这天，阔小姐搬入了远离城市的深山中。仆从们也跟去随侍左右。

阔小姐的歌喉婉转动听，还弹得一手好琴。此外，她还擅长吹笛、弹筝，对箫也有研究。平时她就以唱歌、奏乐作为消遣，丝毫不觉寂寞。

可是，她的仆从们自从搬入深山后，每天都很清闲，所以觉得闷极了。虽然刚搬来时，对崇山峻岭的壮丽风光也很欣赏，但时间一久，也就厌倦了。

对于阔小姐每天的歌声和奏乐声，他们也渐渐听腻了，不再觉得悦耳，反而感到聒噪。

不过阔小姐一定不知道仆从们的烦恼，她坚定地认为世上没有其他人的歌声比自己的更动听，没有其他人能弹奏出比自己更优美的乐曲。在自我陶醉中，她只要一坐到窗前远眺山月、歌唱弹琴，就会觉得山野之所以静寂无声，皆因草木、万物都在凝神倾听自己美妙音声的缘故。

一天晚上，阔小姐正像平常那样唱歌弹琴，忽然，歌声止歇、琴声停顿，她侧耳细听着远方，似乎听见有什么人正唱着比自己更动听的歌声、弹奏着比自己更美妙的乐曲。

“咦，这山里还有其他人在唱歌弹琴吗？”心感奇怪的阔小姐向仆从们问道。

“不可能的，这座深山绝不可能有其他人存在。传入我们耳中的，也只有阵阵松涛声，没有别的声音。”仆从们答道。

“错了。肯定有什么人打算和我一较高下，所以才用那么美妙的歌喉在歌唱、用那么高超的技艺在弹琴。”阔小姐反驳道。

仆从们听了这话，心生疑窦，全神贯注向远方倾听，但听到的，依旧只是阵阵松涛声。

夜尽天明，红日东升。一只小鸟飞到窗边，欢快地啼鸣着。阔小姐皱眉说：“太吵了，看来我还得再搬到更幽静的地方去。”她寻思着，既然深山还有杂声干扰，不如住到无人的海边。

说搬就搬，仆从们立刻将阔小姐的家搬到了浪涛澎湃的大海边。

住到海边的前几天，仆从们新鲜感十足，心情愉悦。但很快，冷清的环境又让他们厌倦了。而阔小姐仍然像以往那般歌唱、弹琴。

一天晚上，阔小姐注视着星光闪烁的海面，问仆从们：“你们有注意到吗？星星们每天夜里都在歌唱奏乐，我发现自己的歌声和琴声根本无法与它们的相提并论。太奇怪了，星星上是不是有人？竟然可以传出这么悦耳的声音？”

仆从们回答说，除了乏味的阵阵涛声，他们什么声音也没听见。

阔小姐又开始琢磨了，哪里比海边更幽静呢？仆从们对此忧心忡忡，生怕搬到比现在还荒凉的地方，要吃更多苦。

到底该怎么办呢？仆从中有一个聪明人，想到了一个法子，他对阔小姐说：“您是打算搬到最安静的地方去，是吗？那么，请您不必多问，跟我来。”

仆从们带阔小姐来到了最热闹的城市中心。阔小姐起先十分惊讶，但过了不久她就发现，此地既无与自己同时唱歌者，又无歌声琴声胜过自己者。令自己心烦的人完全不存在。

这下子阔小姐满意了。她终于是歌声最动听、奏乐最美妙的人了。于是，她高高兴兴地在城市中定居下来，再也没离开过。

柚子的故事

父亲心爱的花盆里的柚子，今年又结了两个大果实。这两个柚子，从夏季开始就相互竞争，看谁长得更大。等到两个都长大了，又争着比谁更好看，彼此都不服输地呈现出漂亮的色泽。

年雄看到这两个柚子，心中不由哀伤起来，并且隐隐约约地记起了远去的往昔时光。不过那时他还小，即使记起，不少事情也不是很清楚。正如初冬照耀庭院的微弱光芒一样，记忆细碎零落，恍若梦幻。只是，从爸爸、妈妈那里听到那天所发生的事情时，便会想起来："啊，原来是这么回事。"

那天也是一个如此寒冷、清寂的日子，他与哥哥两个人在走廊上玩耍。在那里，摆放着父亲珍视的柚子花盆，枝头上只结了一个硕大的果实。

那时，哥哥七岁，年雄五岁。

"我想要这个柚子。"年雄说。

“那可是不能吃的。”哥哥说。

“不好吃吗？”

“啊，酸死了，没法吃。”

哥哥回答完后，转过身去，玩起了玩具火车。

“呜——抵达上野！抵达上野！呜——抵达赤羽！抵达赤羽！——”

没过多久，火车翻了。

“小年，火车翻啦，糟糕，快来帮忙。”哥哥叫唤着弟弟。但是，没有回应。被游戏吸引住的哥哥，刚才没去理会弟弟在做什么。当他扭头把目光转向弟弟的方向时，看到了吃惊的一幕！

“啊！”哥哥在那一瞬间瞪圆了眼。

“小年，你把柚子摘下来了？”

哥哥看到弟弟开心地拿着柚子左瞧右瞧，慌忙跑到他身旁。

“你干了一件很糟的事，爸爸会骂你的。”哥哥说。

听哥哥这么一说，年雄脸庞上登时失去了明朗、高兴的神情，变成了一副难过得快要哭出来的表情。

温柔的哥哥见弟弟这样，大概觉得很可怜吧：“没关系，因为小年还不懂事嘛……”

这样说着，他拿起那个被从枝上摘下的柚子，试着把它再放回枝上。

“你们俩可真乖呀。在玩什么呢？”妈妈走了过来。于是，哥哥突然哭了起来，接着年雄也哭了。

“是谁把柚子摘下来了？”

妈妈睁圆了眼睛，高声喝问。

在茶室看报纸的父亲听到叫嚷声，跺着脚跑到走廊。

“什么，柚子被摘了？”父亲的眼神显得十分可怕。

“是你干的吗？”拿着柚子的哥哥，头上啪嗒啪嗒地挨了揍。

“真是个调皮鬼，我好不容易才把柚子栽培到这么大！”

父亲的脸涨得通红，气极了。

虽然挨了揍，但哥哥一直默不作声。年雄十分害怕，蜷缩成一团，颤抖着。后来父亲才从年雄口中得知，柚子不是哥哥摘的。

“啊，原来如此。”父亲明白了哥哥是个温柔善良的人，对自己所做的事深感懊悔。

可惜这位温柔的哥哥，在第二年的春天染上了疫痢，仅仅一天就去世了。

年雄不知不觉间已长到哥哥那时的年龄。现在，他独自一人望着柚子，想起了温柔的哥哥。

天气很好。父亲进到庭院里，在快要倒下的波斯菊旁竖起竹竿来支撑。随后，他来到走廊上，在年雄旁边坐了下来。

“哦，色泽真好。”父亲看着柚子说。

“小年，把那边的剪刀拿过来。”父亲说。年雄立刻拿来了剪刀，交给父亲。

“您要做什么呢？”年雄问。

“剪下它，放到佛龛上供奉。”

望着柚子，父亲也想起了温柔的哥哥。

没有钟表的村子

故事发生在一个远离城镇的小村里。那村子里没什么值钱的东西，全村仅有两台钟。

在之前很长一段时间里，这个村里的人们都没有钟表。大家根据太阳的升起落下来估计的时间。然而，在文明开化的世界里，如果不使用钟表是说不过去的。所以村里一个有钱人在进城去的时候，顺便到城中钟表店里买了一台钟。

这个有钱人为自己付了大价钱买下钟而感到自豪，他在心里认定，从今天开始，全村人无论集会还是与人约定时间，都要以这台钟为依据了。

“这台钟不会不准吧？”有钱人问钟表店的掌柜。

“绝对不会不准。本店商品不是那种次货。”掌柜答道。

“这样的话，我就放心啦。”有钱人微笑着说。

“你们店里的时间应该也不会错吧？”有钱人又问。

“绝对准确。我们都跟标准时间核对过。”掌柜答道。

“那我就完全放心了。”有钱人在心里说。

于是有钱人小心翼翼地带着买来的钟，回到了自己的村里。

到目前为止从来没见过钟表的村民们，开始每天都拥到有钱人的家里。他们看到会自行转动的指针，觉得非常不可思议。他们又从有钱人那里学到了新的时间观念。从此不管是去田里还是在山里，只要碰到一块儿，人们都会谈起关于钟的话题。

在这个村子里，另外还有一个有钱人。他非常嫉妒村民们总是去前一个有钱人家里。就因为他家里有台钟而已，就热热闹闹地，真叫人火大。

“索性我也去买台钟，这样大家伙也一定会上我家来。”这人想道。

于是这个有钱人也进城去，找到一家之前那个有钱人不曾光顾过的钟表店，此店在城里也算得上是家大店。有钱人在店里瞧见了各式各样的钟表，最终他挑中了一台自认为很稀罕的时钟。

“这台钟不会乱走吧？”有钱人问店里的掌柜。

“绝对不会。本店商品附有保险。”掌柜答道。

“这上头的时间保证准吗？”有钱人又问。

“完全合乎标准时间。”掌柜答道。

“只要拧上发条，任何时候都不会出错吧？”为慎重起见，有钱人又问了一句。

“这台钟无论经过多少年，都不会出错。”掌柜答道。

有钱人心想，如此一来，只要将钟带回村里，村民们就都会来看了。他买下了钟，小心翼翼地带着回到了村子。

又一个有钱人从城里买回了钟的消息，很快就传遍了村子。大家果然都跑来这位有钱人家里。

“请让俺们看看那台钟。”村民们异口同声地嚷道。

有钱人早料定大家伙会跑来这么说，所以心里有些得意。

“好啊，大家都进来瞧瞧吧。这可是台机械非常精密的钟，上头显示的时间保管叫人百分百放心。”有钱人说道。

由于这台钟的式样奇特，村民们脑袋挨脑袋挤在钟前，纷纷称赞道：“哎呀，还真是个稀罕物呢。”

然而，不可思议的是，村里的两台时钟，不知怎么回事，它们的时间竟然相差了大概三十分钟。究竟哪台是错的，谁也闹不清。

“我的钟跟标准时间核对过，绝不会有错。”前一个有钱人说。

“我的钟用的是上等的精密机械，并且时间跟城里的完全一致！”后一个有钱人说。

就这样，两个有钱人各持己见，都说自个儿的钟时间最准，互不相让。两台钟就像必须严守的规范一样，将村里的人们分成了甲乙两派。一派认为有钱人甲的时间正确，另一派认为有钱人乙的时间正确。

原本和和气气的村子，如今因为两台钟的缘故分裂了。时钟变得像神一般庄严。

“今晚六点集合。”即使有这样的约定，仍会发生如下状况：支持有钱人乙的一方，会在他的时钟指向六点时到达集合点，而支持有钱人甲的一方，因为他的时钟还没有指向六点，所以晚来集合。来得早的村民就会向来得晚的村民抱怨等待太久。

“俺们可是六点钟准时到达，这边的钟是不会错的。你们来早了，是因为你们的钟走得不准。”晚来的人辩解说。

“不，俺们这边的钟没错，是你们那边的钟不准。”早来的人反驳说。

就这样，由于所依据的时钟不同，双方大吵起来。

“都消停消停，一直大讲道理有什么用？时间到了，赶紧商量着开始干活吧。”依据走得较快的时钟的一方，不去理会晚到的另一方，自行开始聚谈。

因为时差的事，双方的争吵不断地发生着。过了不久，有钱人乙的时钟突然坏掉了。此前每天都在好好转动的指针，变得完全不动了。

像信赖神明般信任这台时钟的乙方村民们，从那天起陷入了混沌中，全然搞不清时间了。

即使到了如此地步，乙方村民仍觉得如果去向一直争吵的甲方村民询问时间，实在是件可耻的事。“俺们已经不需要时间的概念了。”

于是，村里商议事情时，村民们依旧不能统一集合起来。

甲方村民愈发确信，自己这边的钟走时最准确，因而更加感受到时钟的宝贵。他们都认为，事到如今，乙方村民必须遵从甲方时钟的安排了。所以，每逢要集会时，他们就定好时间，然后通知乙方说："傍晚六点开始。"可是已经没有了时钟的乙方村民，根本不知道何时是六点。就这样，村里的事情根本无法商量了。

比起有两台时钟的日子来，现在只有一台时钟，全村人却更加难以协调了。甲方没想到乙方那么倔，就是不听自己这边的，也感到很难办。

"必须到城里去，把钟给修好。"乙方有个人说。

"就算修好也没用了，人们不可能再相信会坏的钟。"另一个人说。

"要是这样，该怎么办呢？"

"只有找到一台不会坏的钟才行。"

"这么好的钟，得去哪里才找得到啊？"乙方的村民们只要凑到一块儿，就开始议论这个话题。

有钱人乙说道："如果今年的酒酿得好，就去更远的城里卖，然后买一台好钟。"

就在这样打算的时候，突然某天，有钱人甲的钟也坏了。尽管甲方村民们自吹自擂己方的钟绝不会坏，显摆了一段日子，但甲方的钟也终于还是坏掉了。

"果然，钟表这类东西靠不住，很快就坏了，不可信赖。"某村民说。

"不管有没有钟，一天的日子都不会改变。不是吗？"另一个村民说。

甲方由于乙方那边的钟早坏了，所以并不着急去城里买台新的。

而乙方呢，由于听说甲方的钟也坏了，所以也不再盘算去城里买新钟了。

村子不知不觉地又回到了以前没有钟表的生活状态。村民们一想到没有时钟可以依赖，就又跟从前一样，仰望天空，根据太阳的升起落下来判断时间。对此，他们没有感到任何不便之处。即使钟表会坏，太阳却绝不会坏掉，更不会出错。

“钟表那种玩意儿，根本不需要。我们只要有太阳大神就足够了。”村民们第一次感谢了太阳。从此，集会时间又根据太阳的方位来确定了，村民们又像以前那样行动一致了。不觉间，村子又恢复了往昔的安宁和谐。

好心爷爷的故事

有着一对美丽翅膀的天使，停在一户贫寒人家的屋前，一脸担心的神情，不时向屋子里张望，想探清里头的状况。

外面刮着冷飕飕的风。星星在枯树林上方闪闪发光，周围一片白皑皑的霜。天使赤脚踩在霜柱[1]上，看着真叫人心疼。

天使忘记了自己身上的寒冷，只想了解这户贫寒人家屋里的情况。屋中亮着昏暗的灯火，十分安静。现在还不是休息的时候，却听不到说话声，也没有笑声。

这时，住在同村的一位心地很好的老爷爷，恰巧路过此处。他在山里的小屋中工作到很晚，看见天使那副模样，就走到天使身旁，询问怎么了。

天使抬头看着老爷爷，说："近期，神明要赐一个孩子给这户人家。可是我非常担心。一想到这寒冷的天气，孩子出生

①霜柱：指寒冷的冬夜，在裸露的松散土地上形成的一种呈束丝状的冰晶。

后就会受苦，我便觉得于心不忍。所以我特意来察看这户屋子里的情况。然而，屋里静悄悄地，一点笑声人语都没有，也不知到底是怎么回事。”

老爷爷听了天使的话，认为有理，赞同地点了点头。

“不错，我会去找这户的男主人问一下。”老爷爷说。

天使在凛冽的寒风中远去了。目送着天使离开，老爷爷忽然理解了这个时候神明的心情。

“这户人家的男主人真是让人感到为难啊。妻子马上就要生孩子了，他还把工作赚来的钱全都买了酒喝……太不像话了！今晚一定又在小酒馆里喝得醉醺醺的……”老爷爷拖着疲惫的脚步，朝村子尽头的小酒馆走去。

到了一看，男主人果然已经喝醉了。老爷爷想跟他提提意见，但显然不管说什么，这个男人现在都听不进耳朵里。所以老爷爷打算等明天他酒醒了再说。于是就先回了家。

那男主人是个木匠。第二天，他在工作的地方休息时，点起了火堆来烤火。

天气很好。虽说是冬季，但当大地被阳光温暖照耀时，鸟儿就飞出来在枯树枝上鸣唱。袅袅青烟，在荒凉的田野上飘荡着，飘向树林中去。男主人茫然地发着呆，看上去似乎在脑子里思考着什么。

“你好。”老爷爷走到年轻男子旁边。

年轻男子还寻思是谁呢，一细瞧，发现是好心的老爷爷。

“你好，天气不错，只是风太冷，过来火堆边烤烤火吧。”他招呼说。

而后，两人聊了很多话。过了一阵，老爷爷说：

“你们家好像也快生孩子了，如果不想要的话，会有人想要。怎么样，想不想把孩子送人？”

一听这话，年轻男子登时怒目圆睁。

“我为什么要把宝贝孩子送给别人呢？就算老爷爷你人再好，或者有人拜托你传话，你也不能说这种蠢话啊。”年轻男子生气地说。

老爷爷笑眯眯地，说：“是我的错。因为你只顾着喝酒，既不照顾妻子，也没做什么婴儿出生的准备，所以我以为你不喜欢孩子呢！婴儿就要在这个寒冷的时候出生了，一想到这些，就应该事先做好准备，让家里暖和起来才行……不是吗？”

此刻年轻男子因为没有醉酒，所以很好地理解了老爷爷的意思，觉得自己确实错了。他挠着脑袋，说：“我错了。真的，我的确没有考虑孩子的事。我老婆很任性，稍有不满意，就会唠叨个不停。每到这时我就忍不住去外面喝酒。仔细想想，是该为孩子多忍耐忍耐才对……”这些是年轻男子发自内心的话。

老爷爷非常高兴。后来，每当夜里经过这个木匠家时，总能听到木匠就在家里，以及他和妻子的欢声笑语，气氛愉悦融洽。

“这样的话，我就放心了。”老爷爷想。

有一天夜里，虽然星星的光芒看上去仿佛被冻住了一般，苍白一片，但春天即将来临了。老爷爷到山里去干活，很晚才收工，回家途中又遇见上次那位天使，他正无精打采地站在木匠屋子的窗户下，像以前那样赤着脚，脊背上有一对白色的翅膀。

老爷爷第一次知道，神明为了把一个孩子送到这个世界上来，会如此费心。

“这户人家的男主人，打那回起就戒了酒，做好了孩子出生的准备。常能听到夫妻俩十分愉快的交谈，您不必再担心了……”老爷爷说。

温柔而美丽的天使，即使听到这样说，仍然怀着不安的心情，目光中含着泪水，望向自己叫人心疼的小脚。

“我是第一次见到天使。每个人诞生到这个世界上时，神明大人都会这样担心吗？”老爷爷问天使。

天使望着老爷爷饱经岁月沧桑依然清澈的眼神，答道：“无论是谁出生的时候，神明都希望他健康、平安地长大，也希望父母们都能爱护孩子。但不知何时开始，父母们只顾着自己的事情，把孩子疏忽了。孩子在出生前，神的力量可以无微不至地呵护他们，可是一旦成为世间的人，神的力量就失去了作用。本来神明赐予人类能领悟一切的能力，但如果他们忘记了这一点，神也无能为力了……”

老爷爷听了天使的话，觉得自己的灵魂回到了遥远的过去的那个青年时代里。彼时，自己下决心要正直地活着，然而回顾过去，不知做过多少后悔的事。年轻人呵，都该珍惜自己的一生，去做真正有益的事，让生命更有意义……他这样想道。

“好的，您的意思我明白了。我会尽我所能，提醒这户人家的妻子，不要打骂孩子，让一家都过上美好的生活。”老爷爷发誓说。

不知不觉中，天使雪白的身姿消失了。

过不多久，在这个家里诞生了一个婴儿。自那以后，妻子变得非常温柔和蔼，是位好母亲；丈夫工作也很勤恳，是个好父亲。两人看到宝宝的小脸，就觉得是最快乐幸福的安慰了。

老爷爷收工回家，顺路经过这家屋前，亲眼看到他们和和美美的样子，感到无比喜悦。

并且，不管看到什么人在斥责孩子，老爷爷总会劝道：“不要因为孩子是你生的，就认为孩子只属于你自己。神明大人才是孩子真正的母亲，不能照着自己的性子去抚育孩子。”

村里的人们都嘲笑老爷爷，现在这年代，还讲什么神明！

“老爷爷，要是孩子们都是神明大人的，那所有人不都变成神了？可怎么还有好人与坏人呢？”有人问。

一听这么问，老爷爷顿时想起了天使说过的话：“人类在出生时，神明赐予他们能领悟一切的能力，但如果他们忘记了这一点，就不能过正确的生活了……”

老爷爷觉得，即使把这些话告诉村里人，他们也不会相信的。更何况，如果说自己见过有翅膀的天使，别说村民们，就算是木匠夫妻俩也不会相信的。

这样想着，老爷爷十分伤心。

老爷爷真想再见一次天使。能实现的话，一定仔细瞧瞧天使……而且，要悄悄地告诉其他人也瞧瞧。但是，他再也没有见到天使。

不久，春天来临了。漫长寒冬里静静蛰伏的草木，都苏醒了。天空染上了绿色，和煦的风吹拂着。老爷爷凝望天空，默默地感谢着。